U0013916

# 2030
# 轉職地圖

## 成為未來10年
## 不被淘汰的國際人才

**Sandy Su**
蘇盈如

著

SANDY'S
RECRUITMENT
NOTE

2030 轉職地圖：成為未來 10 年不被淘汰的國際人才

# Foreword

## 推薦序
### 增值自己，成為炙手可熱的市場人才

　　作者 Sandy Su（蘇盈如）與本人熟識並曾共事有年。Sandy 的求學與工作歷程，就是「斜槓人生」的典範。她在倫敦大學亞非學院雙主修日文與企管學士，到日本大阪大學交換留學一年，最後取得英國布里斯托大學企管碩士學位，在歐洲英語系國家學日文，既可通曉英文又可精通日文；畢業後，在英國外資企業負責對日業務，爾後又遠赴日本替外資企業招募日本高階人才。這既是一本職涯發展的寶典，也是 Sandy 個人職涯的縮影。

　　Sandy 於書中透過自己的國際招募經驗與實際案例，描繪職場工作者如何在求職、轉職、轉型等各階段取勝，並且增加或創造在組織中與職涯上的價值，將求職區域與類型分為「臺灣篇」「日本篇」「中國篇」「歐洲篇」「轉職‧轉型篇」，闡述工作者在國際職場上的所需技能與思考邏輯。

　　以下是本書的精華：

1. 建立人脈網

   又分為專業人脈網與社交人脈網。前者是指建立與自身專
   業領域相似的人脈網絡，例如在領英上結交相同職務的
   工作者；後者是指與社會上不同專業領域人士建立人際網
   絡，例如 Sandy 利用學習烘焙與國際交際舞的機會結交各
   圈子的朋友。

2. 保有持續學習的態度

   例如本書案例：從生科領域轉職為金融業高階主管、從新
   聞媒體工作者轉型為 AI 領域主管。把握時間與機會，不間
   斷地學習，進而創造自己在組織或企業中的價值，就是成
   功轉職與轉型的關鍵。

3. 分析「國際市場需求」，研讀「公司內部組織圖」

   能在面試中勝出，取得期望的職位。

4. 擁有問題解決能力與「承擔責任的勇氣」

   這是成功的職場領導者必備的技能。職場上能為公司或老
   闆「分憂解勞」的人才不多，而不推諉塞責者更是鳳毛麟
   角，因為承擔責任的同時可能會面臨職涯挫折或失去工作
   機會。

此外，我想藉由書寫序文的機會分享一個與作者相同的觀點，以便讀者體會。

傑德·凡斯（J.D. Vance）的《絕望者之歌》（*Hillbilly Elegy*）一書也強調**人脈網**已成為現代求職者最重要的工具。

凡斯成長於美國一個窮鄉僻壤之州的貧窮白人家庭。沒有顯赫家世背景的他意識到，如要出人頭地，一定要結交富豪權貴，最好的方法就是**擠進美國知名大學就讀**（這本來就不是一件容易的事，尤其對凡斯來說更如天方夜譚）。

大學畢業後，凡斯經過深思熟慮，加入美國海軍陸戰隊服役二年，憑著在軍中習得的專業技術與**領導力**，順利進入耶魯大學法學院。他非常珍惜在耶魯就讀的機運，所以努力向學，也爭取多個學校的工讀機會。此時，信運之神降臨其身，他認識了富家同學也是未來的妻子，不僅如此，他的同學、學長姐、學弟妹幾乎都是大有來頭的富貴子弟。

凡斯現任大型投資銀行法務律師，也並非透過網路或獵頭的路徑尋得，而是經由同學的父親引薦，甚至他大多數同學的優渥工作也幾乎藉由父執輩、同學、校友的引薦。所以，想要找到好工作，就要及早建立自己的**人脈網**，雖然現實但也實際。

最後，再與讀者分享一句話：求職路上，「選對產業比選對職業來得重要」，選錯產業輕則影響收入，重則可能連養家活口的機會都沒了。

前印尼金光紙業集團人資長｜徐智明

## 推薦序
### 與你競爭的不是身邊的豬隊友，而是在世界另一端喝著咖啡的神對手！

　　很高興幫 Sandy 的書寫序。我們上次見面是在日本東京的總統套房，Sandy 協助我完成一項世界級的招募專案！世界各地都有許多優秀的臺灣人，與優秀人才合作特別開心，Sandy 的表現令我印象深刻。

　　在世界各地為首富們建立團隊是一項挑戰度極高的工作，一轉眼居然做了二十年……一路走來始終覺得臺灣人才的性價比最高，一定要說有什麼進步空間的話，我想是表達或包裝能力稍弱了些，畢竟我們是在溫良恭謙讓的儒家文化薰陶下長大，含蓄的美德早已深植 DNA。

　　飛機上看完 Sandy 的書，最吸引我的是書中三十多則的職場真實案例。許多時候，「失敗為成功之母」不是必然的路徑，借鏡他人經驗，研究別人的失敗經歷，可以讓自己少走很多冤枉路。我深信「用對方法比用盡全力」有用！以我個人的經驗為例，海外打拚

也可以開心愉快又收入多多。

最後提醒各位讀者：<u>What got you here, won't get you there</u>！過去的成就不代表未來，職場就像 F 1 賽車場，賽車選手們比的是相對速度而非絕對速度，不管你有多快，比別人慢就會被淘汰，唯有持續投資自己才可能在賽道上領先！

書中提到許多軟性技能，我將它們統稱為未來的「職場勝任力」，這些能力都能助你拿到 F 1 賽車手的入場卷。好好閱讀本書，期待未來與你在年薪千萬的賽道上相見！

兩岸人資專家｜黃至堯博士

# Preface

## 前言
### 海外職涯的文化衝擊，成為我的重要武器！

　　Hi！我是 Sandy。或許你不認識我，我想先簡述自己的背景，讓你了解我透過什麼樣的立場與觀點來看職場大小事。

　　我出生在臺灣，在英國念書與生活十二年，畢業後前往日本從事「獵頭」（Headhunting）與「招募」（Recruitment）工作十年，在飛來往去的不同職場間給予雇主和求職者建議與諮詢，持續累積的海外經驗已經步上第二十二個年頭。

### 英國教育告訴我
#### ——自己決定、自我負責

　　英國的教育非常講求**決策（Decision Making）**與**問題解決能力（Problem Solving）**。老師從來不會告訴你「該做什麼」，而是要你自己決定「該怎麼做」，然後針對你的想法給予支援與修正。

如果你曾與英國人共事便不難理解，他們勇於表達主見，說話方式直接，會在會議上提出各種理論來捍衛自己的提案。在這樣的文化薰陶下，我不得不養成必須隨時自己決定並自我負責的習慣。

以下舉在英國申請大學的例子來說明：

我的求學期間，一人只能申請六間大學，並在收到六間大學的回覆時選出想去的「二間」，這些全都必須在學測前就做好衡量與判斷。也就是說，你可能會誤判自己的可能性，選擇了非第一志願學校；你也可能會高估自己，造成選出的二間學校都無法就讀，只能隔年再接再厲。

在英國求學的我，選擇申請就讀倫敦大學亞非學院（School of Oriental and African Studies, SOAS）的日文系。

**「妳去英國讀日文？！妳好特（ㄑㄧˊ）別（ㄍㄨㄞˋ）！」**

這樣的疑問，我聽了一千遍以上。

是的，我在英國讀日文，為什麼呢？以下是當時（2002 年至 2006 年）我做決定前的分析：

1. 如果留在英國發展，必須有第 2 個亞洲語言來增加自己的優勢。

2. 如果要回亞洲發展，除了英文和中文之外，第 3 重要的語

言便是日文。

3. 我不想畢業後還花時間去日本讀日文，想以最迅速的方式「卡位」。

4. 我不認為自己能夠在「中英」或「中日」的環境下搶到好工作，畢竟有太多來自華語國家的優秀人才，因此我選擇了「日英」的環境。

即使自我分析完，每一步當中都有著各種抉擇。

最後令我感到欣慰的是，畢業後的求職道路上被錄取的主因竟然就是「在英國讀日文系」，他們希望擁有「跳出框架」（Thinking out of the box）思維的人選為企業帶來**創新（Innovation）**。

時至今日，每當我與面試官分享這段經歷，對方都非常驚訝。

## 第 1 份工作
### ──駐日的上市英資獵頭公司

我申請上一家上市的英資獵頭公司，必須在英國受訓後去日本分公司工作。當時，獵頭這個職業在臺灣並不熱門，我的家人也沒聽過這個行業，我對工作內容更是一無所知，就這樣一頭栽進一個未知產業，開啟我的日本職涯。

我從完全陌生的 IT 領域開始，負責招募三到五年工作經驗的

基本職缺。盯著滿滿的 C++、Java 等專業術語的職缺內容，一竅不通的我為了理解企業的需求，每天下班都去參加 IT 工作者的社交活動，快速進入他們的圈子，吸收專業知識。此後，每當有新產業與新職缺出現，我便如法炮製這套方法，加速招募效率。

一路走來，我換了幾份工作，換了不同產業，在充滿刺激的「獵人」過程中參與高階招募、新創工作；了解 CEO（Chief Executive Officer；執行長）、CFO（Chief Financial Officer；財務長）、CHRO（Chief Human Resources Officer；人資長）等大老闆的思維；接觸無數職場人、海外工作者、斜槓、創業家。

然而，我所接觸的每一間公司，其企業文化都大相逕庭。

在英系的公司裡，同事們不習慣加班，除非有緊急狀況，否則盡量不在下班後討論或處理公事；下了班，大夥兒一起到英系的酒吧喝酒聊天，不太會談到有壓力的工作話題。而在日本的傳統企業卻是完全相反，講求的是上下連帶關係、長幼有序、加班文化，以及次數頻繁的漫長會議。至於中資企業則是績效優先，社會體系與國情養成獨特的方針，會有許多無預警的決策更動。換句話說，求職者的特質和技能必須與企業文化相融，才能持續工作下去。

挖掘人才的過程中，我扮演過仲介端與企業端的角色，深刻理解企業的成長與人事的安排密不可分，尤其是企業的「招募策略」會隨著市場趨勢而有所變動，想要在職場上受重用或者不被取代，工作者必須理解企業端的思維，並且不停更新自己的能力。

## 關於獵頭一職與招募工作

許多人覺得獵頭是個很神祕的工作，也好奇獵頭究竟如何找到適當人選來填補職缺。

獵頭的工作專注在「中途轉職」與「機密招募」[1]。特別是機密招募，由於職缺特殊，相對難找，又牽扯到較為敏感的內部人事安排，企業通常會委託外部獵頭，簽訂保密合約來承包業務。

獵頭的職涯規畫有二種基本發展模式。

一種是持續在獵頭界發展，成為特定產業的專業獵頭，或特定職務的專業顧問，例如金融業、IT 業、快消品（Fast Moving Consumer Goods, FMCG）業、零售業等，必須對業界的人力動向瞭若指掌。

另外一種則是往企業內部的招募部發展，成為招募專員（Corporate Internal Recruiter）。通常規模較大的公司會設有招募團隊，專門負責內部招募。招募專員被歸類於人資（Human Resource, HR）的一部分。大家熟知的「HR」，在中小企業中可能統包人事相關的大小事務；而在大型企業或跨國企業裡，則分工為招募（Recruitment）、教育訓練（Learning and Development）、薪資福利（Compensation and Benefit）、總務（General Affairs）等業務。簡而言之，企業內部的招募專員幾乎都是獵頭出身。

近年來，大環境轉變與人才缺口問題使得企業產生組織變

革，例如可口可樂、新光集團等許多企業視人資為企業策略與改革的核心夥伴。打開 104 求職平台，可以看到愈來愈多「人資服務經理」（HR Business Partner, HRBP）的職缺。也就是說，企業將人資與經營團隊組合在一起，透過雙方的密切合作，精準招募可以提高公司營運的外部人才，並且將內部人才進行最優化的整合。

## 藉由獵頭的力量打造個人職涯

　　獵頭從事的是與「人」有關的工作，交手對象涵蓋基層工作者到高階主管，必須在職缺開出的最短時間內找到人才所在「位置」（position），並在互動過程中說服對方投入新工作。所以，最重要的就是跟上時事的腳步，掌握業界的人事異動與最新的商業模式。

　　每位獵頭都會定期更新手上的「人才地圖」（Mapping）。獵頭的日常之一是熟悉業界競爭對手公司，透過多方管道打聽關鍵人選，記錄在自己的專屬名單，並試圖拼湊於業界的組織圖中。除此之外，也必須參與各項活動來加強與業界人士的互動，除了可以掌握人選的轉職意願，還能了解競爭對手公司的工作條件。所以，你總會在獵頭的個人社群網站上，看到他們穿梭在飯局與多樣的社交場合中。

---

[1] 機密招募　例如針對國際級高階求職者，通常會以私人飛機、私人別墅、總統套房等隱密空間與高規格待遇來進行面試。

隨著時間累積，獵頭的人脈網（Networking）會愈來愈豐富，專屬的人才地圖也會更完整，再加上長期與業界人士互動，當職缺一出現，腦袋中馬上浮現合適人選，招募效率也隨之提高。

## 設計與市場接軌的職涯地圖

經常有人問我：如何得到老闆的器重並且加薪？如何才能在職場上有所發揮？其實，每位老闆的想法都很一致，在我的觀察中，他們的理想人才就是能夠幫助企業發光發亮、帶進資產，或是借助公司向上發展的一臂之力。

講白話一點：

**「只要你有『被需要』的一天，就不會被取代。」**

許多大企業老闆甚至跟我說，對企業而言，基本薪資屬於投資的一種，只要選對人才，他們願意持續投資下去。

這本遊走在臺日英的國際獵頭筆記，會從國內外職場趨勢、企業端思維、自我方向與自我能力、求職渠道與斜槓經歷，搭配無數則真人真事的轉職故事與案例來告訴大家，如何在這千變萬化的環境中展現自我價值，找出專屬天職。

書中的主要案例與故事大致可以整理如下表：

| 轉職分類 | 國內 | 海外 |
|---|---|---|
| **一般轉職**<br>同業或內部 | • 零售業人資 → 公關（P136）<br>• 銀行人資 → 業務（P194） | • [中] 臺商金融 PM → Global 500 企業金融 PM（P167）<br>• [中] 食品公司業務經理 → 飲料公司業務經理（P201） |
| **轉型／進階**<br>同業或內部 | • 餐飲業祕書 → 國際採購主管 → [港] CEO（P090）<br>• 夜市攤販 → 企業化經營（P124）<br>• 商場公關 → 電視圈公關 → 品牌公關 → 公關公司創業（P136）<br>• 銀行業務 → 券商業務（P194）<br>• IT 公司創業 → IT 結合命理（P208） | • [日] 鐵路公司基層 → 建築師（P159）<br>• [瑞] 顧問公司業精益生產顧問 → 包裝廠精益生產專案統籌 → 精密塑料業採購總監（P174）<br>• [英] NHS 醫務人員招募主管 → 私立醫院招募主管（P182）<br>• [臺] 銀行投資主管 → [港] 生科產品投資分析師（P187）<br>• [星] 外資銀行業務 → 私人銀行資深總裁（P194） |
| **轉行**<br>異業 | • 電視記者 → 企業顧問、自媒體創作者（P041）<br>• 護士 → 部門經理（P096）<br>• 銀行襄理 → 行銷公司總經理（P111）<br>• 醫院研究助理 → [美] 藥廠研究員 → 銀行投資主管（P187）<br>• 房仲業務 → 餐飲創業（P201）<br>• 電視主播 → 公關 → [中] 科技業自動化主管（P215）<br>• 快消品業務經理 → 金融業業務經理（P222）<br>• 資訊管理師 → 行銷（P230）<br>• [日] 旅遊業網路運營經理 → 自媒體創作者、作家（P246） | • [日] 保險公司業務 → 外資公司人資（P059）<br>• [日] 攝影師 → 整骨師 → 整骨院創業（P142）<br>• [非] 貿易公司業務 → [日] 顧問公司海外業務（P147）<br>• [日] 飲料公司 → 廣告公司 → [星] 外資公司 CEO 戰略計畫主管（P153）<br>• [臺] 臺商 → [日] 廣告公司網路行銷（P248） |

表 1　轉職地圖

目前的你，位於哪個象限中？又在哪個階段卡關了呢？

無論你在國內或海外，無論你是社會新鮮人還是中年轉職者，讓我們一起藉由我所接觸過的深度個案，協助你在求職迷途之中設計與市場接軌的職涯地圖，成為不被取代的搶手人才。

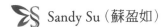 Sandy Su（蘇盈如）

# Contents

# Contents

目
次

# 臺灣職場新趨勢——

## 如何成為不被淘汰的人才？

2030 轉職地圖：成為未來 10 年不被淘汰的國際人才

# Chapter 1

Chapter I 　　臺灣職場新趨勢
　　　　　　──如何成為不被淘汰的人才？


人人都在問：


「未來工作在哪裡？」

「哪些工作不會被 AI 取代？」


　　國際顧問公司麥肯錫（McKinsey & Company）在研究報告
《失業，就業：未來的工作對就業、技能、薪資的意義》（*Jobs lost,*
*jobs gained: What the future of work will mean for jobs, skills, and*
*wages*）中指出，預計到了 2030 年，全球將有八億的工作者因人工
智慧（AI）與自動化而失去工作。

　　AI 浪潮來襲，無論對於企業或工作者，勢必都將掀起一波職
場存亡戰。而針對這個問題，我經常對所有工作者說一句話：

**「搭上趨勢才能及時卡到好位置！」**

因此本書的第一章〈臺灣職場新趨勢〉與第二章〈海外職場新趨勢〉，會從較為「生硬」的國內外趨勢談起，透過各國際單位客觀的研究數據，連結到國際專家的見解、國內外工作者的轉型故事，讓各位在規畫或反思自己職涯的第一步即與市場接軌。

## 「你究竟想做什麼樣的 Marketing？」
### ——人事精簡化暴露臺灣工作者的危機

臺灣的企業因為資金受限，以規模偏小的中小型企業為主，其組織構造與新加坡、日本、上海、歐洲等大型企業相比簡化許多。

面對全球化發展趨勢，有些企業選擇併購（M&A）模式，提早做產業轉型來取得競爭優勢；也有些資金或資源較弱的企業為求生存，將原本應由一組或多人共同作業的工作，歸由一人全部負責，透過所謂人事精簡化、跨部門支援來維持運作。

特別是一人多工的型態，常見組合有：行銷兼做業務與營收報告、人資兼行政、財務兼人資等。然而，長期在中小型企業工作的求職者容易成為職場上被淘汰的高危險群。我與一位擁有小公司與大企業經歷的行銷總監（Marketing Director）訪談後，他十分感嘆地說：

「在臺灣的社會，『通才』變成是企業要求員工身兼多職的合理徵才條件，但是如果『通而不精』，反而無法提升自己在求職市場的身價。」

　　以行銷（Marketing）職務為例，我經常遇到許多求職者表示想應徵行銷工作，但當我反問是關於行銷的哪個領域時，他們往往答不出來。這樣的反應讓我感到很意外，細問之下他們指出，臺灣的中小型企業裡沒有特別分工，「統包行銷」是理所當然的。

　　通常，聯合利華（Unilever）、寶僑（P&G）、可口可樂、華碩等大型企業將行銷工作區分得很細，最常見到以下六大領域：

1. 產品行銷（Product Marketing）
2. 通路行銷（Territory Marketing）
3. 數位行銷（Digital Marketing）
4. 活動行銷（Event Marketing）
5. 品牌行銷（Brand Marketing）
6. 技術行銷（Technical Marketing）[2]

以上六種行銷工作帶領工作者往更專精且高階的職務發展。

舉例來說，以下是一位行銷出身的工作者的職涯路徑（career

path）：

| 階段 | 職位 | 行銷領域 |
|---|---|---|
| 現任 | 總經理<br>（Managing Director） | |
| 第 5 份工作 | 全方位行銷總監<br>（Marketing Director） | |
| 第 4 份工作 | 資深品牌規畫與行銷經理<br>（Head of New Brand Planning and<br>Marketing Manager） | 品牌行銷、活動行銷 |
| 第 3 份工作 | 數位行銷業務開發經理<br>（Commercial Digital Marketing Manager） | 數位行銷、通路行銷 |
| 第 2 份工作 | 產品行銷副理<br>（Product Marketing Senior Manager） | 產品行銷 |
| 第 1 份工作 | 業務兼行銷<br>（Sales and Marketing） | 通路行銷 |

表 2　行銷出身的工作者的職涯路徑

　　從上表可以看到，這位工作者從行銷基層一路爬到最高職位行銷總監後，下一步的發展是成為總經理，因為總經理等公司最高負責人必須熟悉所有通路，設計全方位的營運策略。這也可以解釋許多跨國企業的 CEO 都是行銷出身的人才，因為行銷一職與企業的戰鬥力密不可分。從事行銷的工作者若沒有累積上述多項領域的實

[2] 技術行銷（Technical Marketing）　在電子科技業較常見，由於產品技術不斷推陳出新，技術行銷一職必須熟悉產品，撰寫使用者手冊（user manual）或產品白皮書（white paper）等技術文件，解釋產品的新規格與新技術。

戰經驗，也不清楚有這樣的職涯規畫，容易錯失往高階職務發展的可能性。

目前，臺灣的現況仍處於成本精簡的策略導致工作統包的現象居多，那麼，在資源有限的環境下，工作者又該如何增強自己的職場技能呢？

## 鎖定未來 10 大關鍵技能，靈活搭配軟性技能

前述提到的臺灣現狀，也導致有能力卻無伸展舞臺的工作者選擇離開臺灣，人才外流問題愈來愈嚴重。

無法出走的臺灣工作者就該放棄希望嗎？留在臺灣的人才究竟該如何擁有更好的職涯發展呢？雖說目前職場的未知性太高，就連經濟學家都無法預知國際或臺灣市場今後的走向，然而我們唯一能做的努力即是鎖定大數據分析下未來十年職場所需的「關鍵技能」（rising skills），並強化非技術性的「軟性技能」（soft skills），才能成為最接近市場需求的人才。

### ▸ 未來 10 大關鍵技能

全球最大求職社交網站領英（LinkedIn）釋出一份《2019 年未來職場技能報告》（*Future of Skills 2019 Report*）[3]，鞭辟入裡地

指出未來十年內職場與商場上不可輕忽的技術性「關鍵技能」：

1. 法規（Compliance）
2. 以人為本的設計（Human-Centred Design）
3. 社群媒體行銷（Social Media Marketing）
4. 手勢識別的 IT 技術（Gesture Recognition Technology）
5. 前端開發（Frontend Web Development）[4]
6. 持續性整合（Continuous Integration）
7. 工作流程自動化（Workflow Automation）
8. 機器人流程自動化（Robotic Process Automation）
9. 人工智慧（AI）
10. 區塊鏈（Blockchain）

　　掌握上述關鍵技能的工作者，在就職或轉職時都能有更多的選擇；正在猶豫是否該透過在職進修來取得更高學歷，或者想增強職場新技能的工作者，以上領域值得花時間做深度分析。

---

[3] 《2019 年未來職場技能報告》（*Future of Skills 2019 Report*）　內容涵蓋領英上數十億成員的數據分析，並訪問四千多名工作者的意見，再加上澳洲、印度、日本、新加坡共八百多名人才發展部專業人士的建議。該報告數據來源主要為商業領袖和人資專家，我們可以參考他們的思路，思考如何增強自己。

[4] 前端開發（Frontend Web Development）　比如瀏覽網頁時，頁面上資料呈現的設計，即是透過整理後的數據，讓使用者易懂且方便使用。

## ▶ 不被取代的軟性技能

　　以上十項關鍵技能雖然大多與 IT、AI 相關，但其實都需要配合高度、非技術性的「軟性技能」才能發揮真正的功效。

　　那麼，什麼才是全球市場上需要的軟性技能呢？我們來看看以下資訊：

---

**21 世紀關鍵技能聯盟（Partnership for 21st Century Skills, P 21）**[5] 提倡加強電腦做不到的「4C 技能」

① 批判思考（Critical Thinking）
② 合作力（Collaboration）
③ 溝通力（Communication）
④ 創造力與創新（Creativity and Innovation）

**麥肯錫針對 2030 年全球轉變的報告《技能轉移：自動化和勞動力的未來》（*Skill shift: Automation and the future of the workforce*）提出「3 大技能」**

1. 層次認知技能（Higher Cognitive）
① 創造力（Creativity）
② 批判思考（Critical Thinking）
③ 決策（Decision Making）
④ 複雜訊息處理能力（Complex Information Processing）

2. 社交與情感技能（Social and Emotional）
① 高階溝通和談判技巧（Advanced Communication and Negotiation）
② 同理心（Empathy）
③ 領導力（Leadership）
④ 管理力（Managing）
⑤ 自發性（Initiative-Taking）
⑥ 適應力（Adaptability）
⑦ 持續學習（Continuous Learning）
⑧ 教導和培訓（Teaching and Training others）

3. 技術性技能（Technological）

---

| 白宮科技創新顧問亞歷克・羅斯（Alec Ross）的著作《未來產業》（*The Industries of the Future*） |
| --- |
| ① 終身學習<br>② 跨領域學習<br>③ 外語能力 |
| 世界經濟論壇（World Economic Forum, WEF）的《未來工作報告》（*Future of Jobs Report*）指出「2022 年 10 大新技能」 |
| ① 分析思維和創新（Analytical Thinking and Innovation）<br>② 主動學習和學習策略（Active Learning and Learning Strategies）<br>③ 創造力的原創性和自發性（Creativity Originality and Initiative）<br>④ 技術設計和程式編輯（Technology Design and Programming）<br>⑤ 批判思考和分析（Critical Thinking and Analysis）<br>⑥ 複雜問題解決能力（Complex Problem Solving）<br>⑦ 領導力和社會影響（Leadership and Social Influences）<br>⑧ 情緒智商（Emotional Intelligence）<br>⑨ 推理能力、問題解決能力、發想力（Reasoning, Problem Solving and Ideation）<br>⑩ 系統分析和評估（Systems Analysis and Evaluation） |

表 3　國際單位或指標人物提倡的軟性技能

　　看到以上國際單位或指標人物提出落落長的資訊，我想讀者都頭大了⋯⋯但請再陪伴我一下，讓我們觀察這些技能中重複提及的關鍵字。我幫各位統整出以下至為重要的軟性技能：

## 1. 持續學習（Continuous Learning）
## 2. 創造力（Creativity）

[5] 21 世紀關鍵技能聯盟（Partnership for 21st Century Skills, P 21）　2002 年，由總裁兼共同發起人凱依（Ken Kay），以及蘋果、思科系統（Cisco Systems）、戴爾（Dell）等美國商業界大型企業，加上美國部分州政府與教師課程學習團體，於美國共同成立的非營利組織。

3. 自發性（Initiative）

4. 領導力（Leadership）

5. 批判思考（Critical Thinking）

6. 問題解決能力（Problem Solving）

此外，我想就我多年來的經驗與經手過的案例再補充二項：

7. 人脈網（Networking）

8. 狼性（Aggressive）

上述軟性技能都會陸續出現在接下來的章節中，與本書主題環環相扣，請大家先將這八項特別重要的技能當作關鍵字記在腦中，也可以同時閱讀第五章〈轉職順風車〉的故事，參考主角們如何透過這些技能在職場中勝出。

以下先藉由一些實例簡單說明如何將關鍵技能搭配軟性技能，並運用在面試作答與職涯規畫上。

▶ 以人為本的設計

簡單來說就是懂得人心、貼近消費者感受的設計。近年來的面試考核尤其加重**以人為本的設計**的比例。

我遇過許多面試官會直接請應徵者提出商業計畫書（Business Proposal），透過其提案來判斷人選特質是否貼近市場需求，並能打動消費者。有些考官則愛用與人性分析有關的情境問題（Situational Questions）來考驗求職者：

「今天有一艘船正要駛向對岸，讓其中『1 人』搭上飛機。船上有 3 人，分別是：① 即將臨盆的孕婦；② 手上有攸關公司存亡訂單的老闆，趕著到對岸交易；③ 你自己。」

如果你是應徵者，會如何回答？其實這個答案並沒有對錯，透過這個看似無厘頭的問題除了可以判斷人選是否擁有**問題解決能力**，更能試探當事人的性格，放到合適的部門，善用其特質與影響力來協助團隊設計人性化的商品或服務。

**以人為本的設計**等於工作者對社會潮流、人與人之間距離的理解。對於公司團隊來說，充滿活力的溝通所帶來的結果，與機器式溝通所產生的結論，在商業決策上的影響力完全不同。求職者必備的不再只是專業技術，還要加上社交能力。

▶ **社群媒體行銷**

網紅經濟與自媒體的興起，反映**社群媒體行銷**的重要性。然而

許多人通常只在臉書或 IG 上看八卦，卻沒有善用這些平台來經營自己、關注市場動態、磨練社群媒體的操作技巧。如今，電商是重要的銷售渠道，擁有**社群媒體行銷**技能的工作者會更受珍視。

這幾年，我針對業務（Sales）職缺篩選履歷時，懂得**社群媒體行銷**的人選都有優先得到面試的機會。比起只是單純跑業務的人，會經營部落格、臉書的工作者擁有**人脈網**或**創造力**，可以理解最新的市場需求，讓業務技能更活潑，進而創造更多利益，而公司會認為這樣的人才能帶來**創新**。再舉求職平台上的行銷職缺為例，美國運通（American Express）旅遊部在尋找針對日本人做市場規畫的行銷人選時，**擁有經營旅遊**或美食等生活領域網路平台的經歷，會在面試上加分。

不只業務和行銷職缺，獵頭或人資為了覓得到位的人才，提高招募效率，在篩選人選的過程中也會利用社群網站觀察求職者的興趣與社交渠道，過濾出最有潛力的候選人。

▶ **理科人才注意！**

前述關鍵技能的第四項到第十項都與 IT、AI 技術相關，對於理科人才來說尤其重要。

專門負責 IT 領域人才招募的臺灣瑞星管理顧問業務發展總監蔣宗芸女士指出，目前的 IT 業，無論前端或後端，各種軟體開發

工程師都缺乏人才，而最為稀缺的是發展時間較短的**數據科學家**（Data Scientist）。

即使如此，擁有理科背景的工作者也不能輕易卸下心防。以前述的關鍵技能來說，以往的工程師只要專心負責階段性任務，但現在的大企業像是臉書所要求的人才便必須具備全方位的開發能力，例如擁有**持續性整合**技能的全端開發者（Full Stack Engineer）。而專案經理（Project Manager, PM）可以增加**工作流程自動化**技能；科技領域的職人也可以提升**機器人流程自動化**技能，讓自己成為市場極度需要的人才。

---

CASE 01　從電視圈轉型的東亞社會觀察家福澤喬

福澤喬（Joel Fukuzawa）畢業於加拿大的大學後，前往紐約的新聞傳播研究所攻讀碩士。回到臺灣踏入電視圈擔任記者，後來外派至日本多年。然而隨著時代變遷，媒體傳播業逐漸式微，當時人人都笑說：

**「小時不讀書，長大當記者。」**

福澤先生為了轉型，前前後後摸索了多年。

他曾到上海創立行銷傳播公司，但由於不習慣當地的工作環

境，返回臺灣發展。在臺灣的他，雖然擁有輝煌資歷，然而轉職之路卻不甚順遂。求職碰壁後，他曾經嘗試創業二次，卻接連失敗。

## ▶ 針對自己的利基點，強化軟性技能

　　經歷數次挫折與失敗，福澤先生盤點自己的資源與優勢——海外與媒體界的**人脈網**加上多國的**外語能力**，正是他的立基點。

　　他開始擔任大型企業顧問、媒合日臺之間的商業合作、經營部落格與粉專。他發揮在過去工作經歷所累積的優勢，撰寫日臺經濟與文化相關文章，透過磨練**社群媒體行銷**技能，經營個人品牌，增加自我曝光度，終於創造一條屬於自己的「斜槓壯年」工作模式。

　　非理科出身依然成功轉型的福澤先生認為最重要的二個關鍵是：一、自己是否「有料」；二、對自己的工作是否真的感「興趣」。他每天早上會閱讀三份日文報紙與二到三本日本財經雜誌，每天晚上再看日本財經電視新聞，保持這樣的**持續學習**多年，並且每天產出乾貨文章。同時，這些「額外」的學習對他來說都是自己喜歡做的事。

　　換作企業端或面試官的角度，前述的行銷總監在面試人選時也格外注重求職者能否在資源有限的環境中仍保有好學態度，而且占考核的 70%。

## ▶ 找出自己的弱點，補足軟性技能

一路走來，福澤先生觀察到臺灣工作者最大的弱點是怯於表現自己。

他也曾經羞於在網路上分享文章，然而寫久了，其實大家並沒有自己想像的那麼挑剔，他因此領悟到：

**「任何事情，愈做只會愈好。」**

前述的瑞星管理顧問蔣女士也指出，臺灣求職者在職場上偏保守且溫和，不善於自我表現，缺乏狼性特質，尤其是求職者的目標企業若為外資公司，這是必須跨越的關卡。

此外，福澤先生舉了一個令他印象深刻的例子。

擔任企業顧問的他，曾經輔導一家飯店的餐飲與住房問題，公司內部正在爭論是否該將餐飲完全「當地化」。企業端質疑將餐飲當地化的風險與可行性，認為為什麼當地旅客要到飯店吃當地料理呢？然而福澤先生提出，房客與非房客於飯店的用餐時段不同，為什麼不能拆成早、中、晚三餐，分別吸引不同類型的顧客呢？

藉由這個案例我們可以反省自己的思維，是否經常停留在「零或全部」這種非黑即白的觀念？其實，「灰色地帶」反而值得思考，甚至能從中挖掘商機。

## 「我該去國外闖蕩，還是留在臺灣發展呢？」

年輕人經常煩惱該出國或者留在臺灣打拚。

現在是網路世界，即使無法去到國外累積經驗，也可以透過**外語能力**來追上國際趨勢。就舉前述的福澤先生的例子，他之所以能寫出道地且深入的文章，就在於他克服了地理限制，利用網路「肉搜」專家，直接請教與交流。

當然，我們可以把網路當作工具，但是千萬不要當成宗教每天膜拜，切勿囫圇吞棗，而是帶著**批判思考**與**分析思維**去判斷資訊，進而培養辨讀力。

另一方面，臺灣作為亞洲的緩衝區、一個模糊角色，想到海外發展的工作者如果善用這個狀況會發現其實有不少「利多」。

例如，服務業人才特別受到日本市場的重視，因為文化相近，日本企業在培訓時較容易上手；加上臺日關係友好，雙方國家都有互相進駐的據點。日本雇主喜歡在臺灣員工約滿後繼續聘用。另外，臺灣更是前端工程師、AI 人才、區塊鏈人才的聚集地，這也印證了為什麼谷歌、臉書直接將研發中心設立於臺灣。

此外，根據我過去的招募經驗，跨國企業會特別指定臺灣的技術人才擔任重要職位，因為臺灣人選的學習能力快，在海外又能發揮刻苦耐勞、咬牙往上爬的特性，企業會再培訓這群人往高階職位

發展。

## 未來工作就在你手中！

傳統的職涯規畫大致是三十歲後半到四十歲世代成為管理階層，再晉升為中高階主管，然後退休。然而現實情況是，已經沒有所謂的「鐵飯碗」，再加上人的壽命愈來愈長，又該如何保障退休後的存款能撐上二、三十年？

其實，培養前述提及的多項關鍵技能與軟性技能，不僅能鞏固職場競爭力，更能為終身職涯加值。特別是三十歲到四十歲世代的工作者，可以趁著略有工作經驗與些許儲蓄時，多方磨練自己的技能，找到第二或第三強項，例如成為股票操作專家、公仔蒐集達人等等，嘗試發展人生的第二舞臺，並且與第一舞臺共存。

眼光在哪裡，成就就在哪裡──去做就對了！

---

**第 1 章速速抓重點**

◆ 培養 8 大軟性技能──持續學習、創造力、自發性、領導力、批判思考、問題解決能力、人脈網、狼性，才能成為 AI 時代中不被淘汰的人才。

---

第 2 章

## 海外職場新趨勢 ——

如何找出在異鄉的優勢？

2030 轉職地圖：成為未來 10 年不被淘汰的國際人才

# Chapter II

**海外職場新趨勢**
　　── 如何找出在異鄉的優勢？【日本篇】

　　由於我主要在英國與日本生活和工作二十多年，特別想與大家
分享日本與英國二國的職場現況、企業文化、所需人才。如果你想
到這二個國家發展，可以透過接下來的分析與案例來規畫方向，尋
找在當地的生存之道。

　　說到日本近年來人才短缺的產業，首先就是「IT 業」。日本企
業正積極招攬 IT 或電機工程學的外國人才，一方面透過這些人的
海外經驗維持企業在日本國內的地位，另一方面這群人也能協助企
業在歐美地區有足夠人力開發新產品與新市場。

　　而「旅遊業」與「服務業」一直以來是日本的核心事業。為
了能與 2020 年東京奧運經濟無縫接軌，這五年來日本政府積極對
外招攬國際人才，甚至提出許多新移民政策，例如將「高度人才[6]
簽證」從三年後才可取得「永久居留權」（Permanent Residency,

PR）縮短為最快一年（必須達到特定條件），期盼藉由海外人才添加國際性的即戰力。

另外，「人資」相關工作也成為日本企業不可缺少的主力。在過去，這些屬於外資公司較注重的職位，但由於市場改變，許多大型日本企業已經意識到「少子化危機＋新卒一括採用 [7] ＝失去競爭力」，紛紛力求轉型，因此需要人資服務經理制定新型的招募策略，協助企業延長壽命。

## 你真的了解日本職場文化嗎？

現在透過網路，想得知有關日本的工作資訊與故事分享，並非難事。然而遺憾的是，大多數想到日本發展的朋友們，其夢想在踏入日本職場後瞬間破滅。

因此接下來我會花一些篇幅，特別針對日本職場文化與相關案例，給予赴日工作者一些建議。

[6] 高度人才　從事「高度學術研究活動」「高度專業性或技術性活動」「高度經營管理活動」的人才。

[7] 新卒一括採用　日本獨有的就職方式。日本企業每年會針對即將畢業的學生進行人才招募，通常，日本大學生從三年級便開始從事就職活動，通過企業的層層考核與面試，取得「內定」（企業內部確定聘用），畢業後即可就職。

## ▶ 工作狂模式來自泡沫經濟

1980 年代後期至 1990 年代初期正值日本泡沫經濟期，當時的經濟起飛全在前輩的功勞下一片盛世，他們的信念是：「持續工作是美德，辭職便是罪。」於是出現一種職場現象：下屬對上司唯命是從，沒人敢違抗。這樣的文化持續流傳在日本企業中，也縱容了老前輩們習慣性地謾罵，認為新進員工就是要懂得忍耐，吃苦是為了讓他們體驗自己當年胼手胝足的辛勞。

再加上海外人才崛起，這群老前輩為了想給外來員工下馬威，不允許擁有個人色彩，更不准許提出反駁意見。他們就是領頭羊，縱使前進方向會使大家失足，但一言既出，人人就得往懸崖邊走去。職場霸凌或黑心企業等詞並不存在於這些老前輩的字典裡。

2017 年 Statista 的《工作生活最不平衡的國家》（*Countries With the Worst Work-Life Balance*）數據顯示，擁有瘋狂加班文化與潛藏職場霸凌現象的日本列為第五名。在歐美人眼裡，日本職場文化存在許多犯罪因素，例如：辱罵對方「笨蛋」絕對是犯罪行為；沒有什麼事情比家庭還重要，更何況是工作到三更半夜。

## ▶ 必須做好的心理建設

許多工作者來到日本，由於現況與想像的落差過大，又遇上不

知所措的霸凌事件而出現憂鬱症。

其實，有些時候你會發現，愈適應日本職場文化，反而愈容易陷入憂鬱；當你受到欺負，日文講得愈好或是愈去迎合對方，反而愈把自己逼入死胡同，甚至「主動報名」職場霸凌的受害者角色。因為共事的日本人認定你跟他們一樣，會更加嚴屬地看待你。

我常常建議來日本工作的新朋友們，不要極度想融入日本人的圈子，你必須告訴自己：

**「我是外國人，我提供的是我的專業。」**

只要問心無愧，做好自己的工作，遇到黑心企業不該死撐不走，讓自己擁有快樂的海外工作生活。

▶ **如何處理職場霸凌？**

工作者也應該清楚知道日本的職場霸凌定義與相關保護法。下列都可歸類成職場霸凌，也有法律保護途徑：

**「常被拉去娛樂上司的聚會，不停被灌酒或被迫扮小丑。」**
**「被前輩叫去會議室，遭來莫名其妙的酸言酸語。」**
**「表面上非常感謝你的幫忙，背後批評你的專業。」**

以下是提供職場霸凌相關諮詢的各機構，可以透過電話或面談解決自己的困擾：

- 厚生勞動省[8]「總合勞動諮商中心」
  ⟨https://www.mhlw.go.jp/general/seido/chihou/kaiketu/soudan.html⟩
- 都道府縣勞動委員會
  ⟨https://www.mhlw.go.jp/churoi/assen⟩
- 法 terrace
  ⟨https://www.houterasu.or.jp⟩

根據 2017 年厚生勞動省的「職場霸凌數據調查」[9]，以下擷取各類型的霸凌實例：

| 霸凌類型 | 實際案例 | 受害者 |
|---|---|---|
| ① 精神攻擊 | 被指責「你的存在對公司帶來極大的損害」 | 50 歲男性 |
| | 做錯事被恐嚇要自掏腰包來彌補 | 40 歲女性 |
| | 表現較差，便被公諸名字於辦公室，並在眾人面前遭受辱罵 | 20 歲男性 |
| ② 不合理的要求 | 每個月加班超過 80 小時 | 20 歲男性 |
| | 做主管該做的事 | 40 歲女性 |
| | 被迫執行不可能的任務 | 50 歲女性 |

| ③ 惡意切割職場 人際關係 | 突然被排除在長期參與的會議之外 | 50 歲女性 |
|---|---|---|
| | 不獲邀參加公司聚會,被當成空氣 | 30 歲男性 |
| | 其他同事彼此之間有說有笑,唯獨自己除了業務需求外,都被當作隱形人 | 50 歲男性 |
| ④ 個人侵害 | 被逼問畢業學校與家庭背景,拒答後被威脅會向總務確認 | 40 歲女性 |
| | 被指責服務態度差是因為單身沒男友 | 20 歲女性 |
| | 搬家後被迫向全公司公布新家地區 | 20 歲女性 |
| ⑤ 業務冷凍 | 故意被指派很簡單的工作 | 30 歲男性 |
| | 每天只做掃除的工作 | 20 歲男性 |
| | 從事完全不同於進公司時所承諾的工作 | 50 歲女性 |
| ⑥ 肢體攻擊 | 被用美工刀作勢攻擊 | 20 歲男性 |
| | 被吐痰、丟東西 | 20 歲男性 |
| | 以開玩笑的名義被捶打攻擊 | 40 歲女性 |

表 4　日本職場霸凌數據調查

　　此外,在日本遇到霸凌是可求償的,以下分享一則真實案例(東京地裁判決;2015 年 1 月 15 日)。

　　R 先生受僱於 Q 職業介紹公司,他向該公司社長,也是直屬上司的 S 提告。原因是 S 社長在即時通訊中對 R 先生惡言相向:

---

8 厚生勞動省　類似臺灣的衛福部。

9 職場霸凌數據調查　調查對象為三十人以上規模的二萬家企業,共四千五百多家企業回覆,由一萬名二十歲至六十四歲的男女提供職場上遇到的霸凌困擾,其中約 40%的人並未採取任何行動。

「你真的讓人很火大！」

「說真的希望你可以消失！」

S 社長還下達違法的業務指令，造成 R 先生的心理負擔。依照《民法》七〇九條與七一五條，法院判決 S 社長與 Q 公司各罰 50 萬日圓的精神賠償金。在日本，公司歸公司、上司的個人行為歸個人行為，因此本案雙雙提告。

## CASE 02　日本職場鬼故事——臺灣女工作者的求職驚魂記

其實，前述的日本職場霸凌案例難以勝數，在日本隻身生活的臺灣工作者不僅沒有家人的依賴與支持，還必須承擔職場上遇到的困難與等待工作簽證的煎熬，更是苦上加苦。以下這位赴日工作的臺灣女生凱莉（化名），正是血淋淋的案例。

抽中日本打工度假簽證的凱莉於赴日前，在大型日本食品展中認識了前來參展的大型食品連鎖店社長。在社長的主動邀約下，凱莉透過內部面試提前在臺灣拿到工作機會，得以無縫接軌展開海外生活。

社長得知凱莉是第一次出國，深怕她的家人擔心，年屆七十的社長特地到臺灣詳細解說就業過程，將她安全送往東京。抵達當地後，則由他的女婿副社長協助申辦手機與處理租屋事宜。

## ▶ 地獄的 1 年——遭受性騷擾、降職、被迫幹粗活

看似工作與生活一切上了軌道，然而就在某個颱風夜，發生了駭人事件。

當晚，凱莉家的洗澡設備斷電，社長和夫人雙雙邀請她到備用的租屋處過夜，同時將鑰匙留下，好讓凱莉放心。由於有社長夫人的背書，凱莉不疑有他，接受了這份好心的安排，來到租屋處。

正當凱莉卸下防備，脫光全身衣物，一絲不掛地泡在浴缸時，突然聽見開門聲——社長衝進浴室，緩緩問道：

**「妳泡進去了嗎？」**

凱莉大聲尖叫，將他推開。

事後社長裝作沒事，而受到驚嚇的凱莉必須趕緊找下一份工作，但由於住處是以公司名義承租，無法在第一時間遞辭呈。之後，社長要求凱莉必須脫掉外褲進到他的和室辦公室，並強調在榻榻米上不穿外褲是日本的傳統習俗。凱莉因為不順從命令，被貶至連鎖店的邊疆地區，做著將車內三十公斤白米卸下，再搬進車庫的粗活。

凱莉雖然覺得辛苦，但邊疆地區已不在社長的巡視範圍內，為了存錢，她撐完一年的工作合約。當時的她並不熟悉遭受霸凌的求助管道，只能默默承受。

## ▶ 等待工作簽證的煎熬與痛失家人的打擊

走過這段駭人的經歷，凱莉開始深思在日本工作的意義。

通常，赴日的臺灣工作者會從事服務業或零售業的外場工作，然而正如優衣庫培養臺灣人當店長的案例，就職單位應給予工作者有發展性的規畫與安排。倘若目前的外場工作見不到發展性，那麼或許應盡早轉為行政職，先從內勤的業助做起，三到五年後可能升為業務，回到臺灣便有助於進入貿易公司。

經過以上深思熟慮後，凱莉決定跨出第一步——將努力存到的第一筆錢拿去報名日本專門學校，學習中日翻譯，提升日文的**外語能力**，尋找行政職工作。畢業後，凱莉申請的目標工作遲遲沒有下文，在簽證時間緊迫之下找到某臺資餐飲集團的內勤工作，而且資方願意協助她申請工作簽證，她心想「先求有，再求好」，於是接受這份工作。然而，卻有更大的折磨在等著她……

凱莉一邊在餐飲集團研修，一邊等待工作簽證。某天，總公司接到家人打來的電話：醫院發出凱莉母親的病危通知書。此時她的護照仍被扣留在入國管理局，趕不上見母親最後一面。最後由於簽證沒通過，進公司三個月後即被發放辭退通知。

痛失家人也沒了頭路，凱莉心力交瘁。她深深記得，母親生前最大的心願就是希望女兒找到一份安定的工作。一無所有的她抱著堅定意志，投了近一百家關東地區的工作，註冊了約二十家人才仲

介公司，最後拿到一家與臺灣有貿易來往的公司內定，擔任進出口的窗口工作，二個月後也取得三年的工作簽證。

凱莉現在積極準備考取日本國內相關證照，繼續規畫自己的海外職涯。

| 日期 | 奮鬥過程 |
|------|----------|
| 2015 年 9 月 | 進入語言學校，取得留學簽證 |
| 2016 年 4 月 | 進入中日翻譯專門學校 |
| 2018 年 4 月 | 以正社員[10] 加入餐飲集團 |
| 2018 年 5 月 | 第 1 次被告知申請工作簽證失敗 |
| 2018 年 7 月月中 | 第 2 次被告知申請工作簽證失敗 |
| 2018 年 7 月月底 | 由於工作簽證申請失敗，被公司辭退 |
| 2018 年 8 月 | 請學校延簽[11] |
| 2018 年 10 月 | 拿到行政職內定，申請工作簽證 |
| 2018 年 12 月 | 取得 3 年工作簽證 |

表 5　凱莉在日本的轉型歷程

類似凱莉的日本職場鬼故事不停地發生……

在我接觸的案例當中，能夠留在日本工作的臺灣人都有相似的特質，就是做好「沒有回頭路」的準備，想方設法地留下，有些人

---

[10] 正社員　不同於派遣或兼差，意指公司正式僱用的員工。
[11] 日本某些學校會幫學生做擔保，讓學生有二個月的緩衝時間得以找工作。

甚至委曲求全待在黑心企業。每個人對於海外職涯的看法不同，目的也不同，或許你會認為這樣的求生方式太過激烈。無論如何，透過這個案例我想提醒大家：即使海外工作給人光鮮亮麗的印象，但其中隱藏了許多不為人知的祕辛，必須做好心理建設，徹底了解保護措施，才不會讓海外工作經歷從武器變成了遺憾與陰影。

## 洞察日本職場人才的轉變
### —— Yes Man 的消失

在階級制度根深柢固的日本，高階職務主要落在五十歲後半，其思想往往無法跟著市場快速前進，導致企業改革緩慢，漸漸影響在國際市場的競爭力。最明顯的案例是中資不斷併購日本企業，例如：美的集團併購東芝；聯想集團收購富士通旗下的富士通客戶端計算設備有限公司；臺灣鴻海更在收購夏普後的一年內將夏普的業績轉虧為盈。

日本企業近年來雖想進行人才改革，培養內部員工具備國際職場需要的軟性技能，但對於歷史悠久的大企業來說是個難題。在傳統日本企業的教育訓練下，人人唯命是從，練就出隨時都能討上司開心的本領，但工作實力完全落後於國際市場。

以下我想藉由日本工作者秀剛（化名）的案例，說明過去日本企業培養的傳統人才已在就業市場上出現淘汰危機。同時，透過秀

剛的故事，讓想到日本發展或者已在日本求職的臺灣工作者反思自己的日本職涯。

<br>

CASE 03　從傳統日企文化轉型的日本工作者秀剛

秀剛是剛從日本大學畢業的社會新鮮人，畢業後即進入一家擁有一百四十年歷史的日本大型保險公司。進公司後，他很快就被「洗腦」成傳統日本企業的工作思維，也就是「老闆說了算」。即使他在工作中找到致命錯誤，也要聽從上級指令，不允許主動提問。

秀剛在公司的栽培下訓練出「Yes Man」能力，讓他在社交場合中得到長輩和前輩的好印象。某次，秀剛獲得一位外資公司總經理的賞識。這位總經理看重他親民的特質，主動邀請他加入外資公司的招募部，希望借助他的親和力吸引更多外部新人，替公司完成大量招募的任務。當時秀剛非常排斥，他認為終身為一家歷史悠久的企業服務是他被賦予的使命，於是拒絕了這個工作邀約。

▶ 驚覺傳統日企的危機

一年後的大學同學會中，大家各自分享職場大小事，秀剛得意地說自己是個受重用的「宴會部長」，在公司隨時被大家需要，因為他可以帶來歡樂。當場，有二種反應。

一位日企前輩說：

**「你會成大器的！繼續這樣下去就對了！」**

另一個聲音則是來自一位外資公司前輩的反問：

**「你除了搞笑還會什麼？」**

他自豪地回答，這就是他在組織裡的最大功用。這位外資公司前輩表示，在職場上「感覺被需要」很重要，會增加自我肯定感，但若不盡快培養過人的技能，很容易被淘汰。

**「不會的，我待的是一家終身僱用制的日本企業，我們就像一個大家庭，會一起打拚下去！」**

同樣在日企工作的前輩們支持秀剛的回答，並且大聲附和。

秀剛對於個人職涯規畫的想法還停留在：只要對公司忠心，就可以有好的發展；只要能讓老闆開心，老闆自然不會虧待他。其他人也與他抱持一樣的想法，因此秀剛並沒有把這位外資公司前輩的提醒放進心裡，工作也順利地進行。

然而，在某次公司的健康檢查中，秀剛檢測出有難以專注的傾

向。公司希望他主動提辭呈，好好休息，但沒有承諾他多久後可以回歸團隊。當日本企業不願明講，就是暗喻員工要主動撇清勞動關係，避開雇主導致員工過勞的責任。秀剛感到十分低落，頓時覺得自己一無是處。他也知道傳統的日本企業通常不會僱用身體有狀況的員工，因此提出辭呈，離開第一份工作。

在傳統的日本企業文化裡，第一份工作若沒有待滿二到三年，便難以轉職到其他公司。正當秀剛煩惱著這突如其來的狀況時，腦中浮現半年前那位外資公司總經理提起的工作機會，並且主動聯繫對方，最後通過面試，擔任招募專員。

▶ 一樣在日本，卻彷彿來到海外——外資文化衝擊

秀剛進入外資公司的前半年，發現大家的工作速度是前東家的好幾十倍。尤其是在試用期，他驚覺到自己的 Yes Man 職場武器竟成為致命傷。他不知道老闆注重的是結果論與即戰力，他的「Yes、Yes、Yes」帶給團隊反感。

秀剛在傳統日企所受的訓練完全忽略了自發性的養成。反觀外資公司同事們一收到新任務，在沒有上級指令下，便能快速蒐集好業界最新消息與競爭對手動態。他好奇地問同事，為什麼要主動做老闆沒交代的事。他得到的答覆是，身為招募專員，這些都是應具

備的專業知識，也可以提早預測市場變化。他才體悟到，在上一份日企工作環境中錯失了**主動學習**的機會。

另一個讓他受到文化衝擊的是，遇到突發狀況時，他無法立即反應並提出解決方案；反觀其他同事都各有備案，將問題迎刃而解。外資公司經常突然實施刪減人力、裁撤部門等組織變動，然而這在日本企業中是十分罕見的，就算有突發狀況也會由最高層慢慢將事情分化後才傳給基層。為了讓自己跟上公司與同事的腳步，秀剛找了一位職場導師（mentor），尋找適應外資文化的方法。

這位職場導師告訴他：在外資文化中，勇於表達意見，可以透過他人的反饋來增強自己的實力；等待他人下達指令才執行工作，會成為首批被淘汰的人選。擁有**自發性**與**問題解決能力**，才能在任何職場具備競爭優勢。

秀剛開始設定新目標：對於所有問題都反問自己「為什麼？」直到可以闡述完整答案為止。例如：

Q1 為什麼老闆要聽我的建議？

A1 因為可以帶來一些新效果。

Q2 為什麼我確定可以帶來新效果？

A2 因為收集到的數據與市場上的成功案例可以佐證。另外，如果失敗還有 B 方案可以作為替代解決的方案。

為了填補自己無法回答「為什麼？」他主動收集數據、新聞案例來預留備案，並將自己成功與失敗的學習經歷、時間管理、思考轉變以「心智圖」的方式記錄下來：

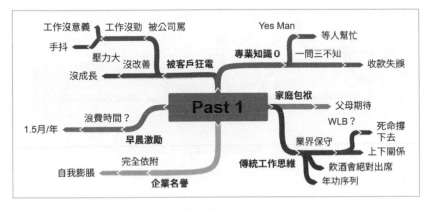

圖 1　秀剛的職場心智圖——Past 1

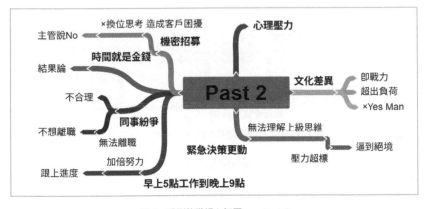

圖 2　秀剛的職場心智圖——Past 2

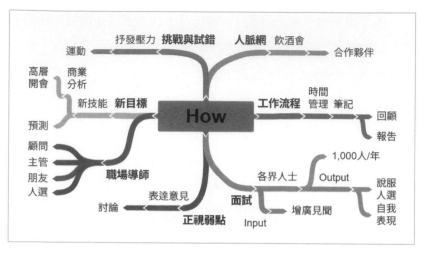

圖 3　秀剛的職場心智圖—— How

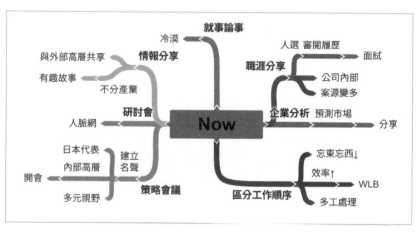

圖 4　秀剛的職場心智圖—— Now

秀剛在二年內累積了大量新知。每當參與社交活動，接觸高階主管時，總可以得到賞識，因此累積資深前輩的**人脈網**。

**「你的策略很符合目前我們正在布局的方向。」**
**「真不敢相信，你才 26 歲！」**

秀剛這才真正領悟到，要受到高階主管的賞識，不只是博取他們的歡笑，也不是當大家的工具人，而是成為有實際貢獻的一分子。他不畏年齡與資歷，主動邀請各部門 CEO 與招募部經理，一起分析市場情勢和行業變動，再提出新想法，與上級頻繁溝通，抓住主管們的思維。現在，他定期主辦職場交流活動，將這些重要的工作觀點分享給還沒「跳出框架」的日本職場人。

## 在封閉環境中創造優勢

日本知名經濟學家田代秀敏[12]指出，許多三十歲世代的日本年輕人意識到國家的人情義理與傳統企業文化的阻力，導致自己沒有機會在四十歲前升到管理職，因此選擇前往新加坡、中國、香

---

[12] 田代秀敏　日本經濟學家。曾任瑞穗證券（Mizuho Investors Securities）調查部經濟學家（Economist）、日興證券（SMBC Nikko Securities）國際市場分析部部長、大和總研（Daiwa Institute of Research）主任研究員等，現為適馬（Sigma Capital）首席經濟學家（Chief Economist）。著作甚多。

港、東南亞發展。我所接觸的案例中，也有不少這樣的日本工作者，他們目前都在海外當上部長級以上的職位，有幾位以主管身分跳級式地返回日本職場，成功在四十歲前卡到高階職務。

這群海外日本工作者的故事是目前我們較少聽到的資訊。在臺灣，反而圍繞著工作名額與永久居留權資格的放寬，讓許多想赴日的臺灣求職者忽略了全方位的發展性。雖然我常常建議大家「Nothing to lose」或「先求有，再求好」，但大部分的工作者取得簽證後，往往沒有繼續耕耘職涯的下一階段，心想：「反正是以後的事，過一陣子再說吧！」於是專注於眼前的工作，努力做出成績，逼著自己咬牙撐下去。這其實也反映了為什麼大部分的臺灣工作者在日本待了七、八年，甚至十幾年，仍舊找不到方向，依然在一個不上不下的職位。

假設你沒有完全贏過日本人的優勢與技能（例如海外學歷、可以用英文談生意等），其實可以將其他國家當作跳板，繞了一圈再回到日本，也是一種辦法。


除了學習這些日本工作者的轉職路徑外，大家也可以思考田代先生提到的一個現象。

正如東芝、夏普案例，許多日本大型企業陸續被中資和外資併購，其經營不善的主因在於傳統企業文化導致決策封閉，用人方式保守，例如一家全球前十名的日本券商，雖然錄取世界頂尖大學畢

業的外國人才，卻只將他放在翻譯的職位上。

　　一般而言，大學畢業的二十二歲日本年輕人，進到公司便按照傳統升遷模式，一路從基層透過主管的「拉拔」過關斬將，當上社長、會長、名譽會長，然而這樣的職涯路徑其實是「內部指名」，而非選賢與能[13]。得以升遷的員工不一定是有產值的人才，導致公司競爭力衰退；許多有能力卻不在長官喜好名單的人才則遭到冷凍，被外資或其他企業挖角後反而能夠壯大該公司。

　　雖然有些日本企業選用有戰鬥力的外部人才，然而其內部人才與思維仍處於應變能力與國際觀不足的狀況，田代先生表示，這是外國人才的一大機會—— <u>倘若臺灣工作者能進入一家願意接納新血、擁有開放思維的日本企業，便能盡情發揮，注入創新的風氣，協助企業改朝換代，搶占自己的一席之地。</u>

　　當然，你可以選擇安穩的職涯，但如果你想在職場上有亮眼表現，應保有危機意識，將前述的日本職場現狀與赴海外發展的日本工作者案例納入考量，仔細分析眼前這份工作能否替你的未來職涯加分，不要讓日本職場生活成為無法升遷的絆腳石。

---

[13] 田代先生提到：如果有機會，你可以觀察一下日本企業內部的簽呈模式——最高長官的蓋章是「正的」，以下位階的主管蓋章是「斜的」，等於向最高官「敬禮」之意。

　　英國打工度假的開放吸引許多臺灣人前往英國工作，其中一半以上會往精品業發展，因為英國將奢侈品市場鎖定在華人客群，中文銷售員最缺人手，其實這類型的工作卻最難拿到工作簽證，會中文的外國人或本地人愈來愈多，臺灣工作者很快就會被取代。

　　我有一位朋友用打工度假簽證從事精品業的獵頭工作，簽證即將過期時，他試著以中文為優勢，向公司請求協助申請工作簽證，然而雇主認為申請資料太過繁雜，決定重新招聘另一位有相同條件的人選。

　　想在英國順利拿到工作簽證，第一可進入國際型大公司 [14]，此外還要選對產業類別，再利用面試技巧，提高公司願意「贊助」簽證的機會。根據移民律師所述，目前容易取得簽證的是最缺人手的醫務人員與醫生，許多來自菲律賓的護士都成功拿到簽證，並且取得永久居留權。

## 熟知當地人的弱點與通病

與華人相比，英國人注重私人生活，以生活品質為優先考量，其次才是公司。他們無法想像日本人會過勞死，更無法理解華人的搶錢腦袋，這也是為什麼英國的工作步調比亞洲緩慢許多。許多時候，等一份文件可以拖上一週到二週，甚至一個月。

英國老闆們也知道亞洲人瘋狂工作的情形，想要追趕亞洲的速度，卻又不願放棄有品質的生活。因此，懂得商場遊戲的英國老闆會特別僱用亞洲人，尤其是華人來替他們衝業績，做英國人無法做的事情。

在英國雇主眼裡，亞洲人正常工作的速度等於英國人勤奮工作的速度，狼性與毅力在英國就業市場有一定的地位，將這樣的特質呈現在英國面試官或雇主面前，可以提高受重用的機率。

## 英資企業的禁忌
—— 謙虛不是美德？

英國人的世界（語言）是很直接的。

英國老闆需要直接、有自信的回答，好讓他們判斷你可以駕馭

---

14 英國雇主若要協助海外求職者取得工作簽證，必須將財報透明化，交由英國移民局審查，因此比起小公司，進到大型企業較容易取得工作簽證。

這份工作。然而臺灣人的謙虛有禮、不張揚，在英資企業裡反而是面試時的絆腳石。

我經常問英國當地大老闆們：「臺灣人面試的弱點是什麼？」他們的回答都很相似：

**「太害怕、容易緊張、不夠有自信。」**

打個比方，一位英國服裝時尚界 CEO 跟我說，自信是業界的靈魂，許多來應徵的臺灣人，包含畢業自鼎鼎有名設計學院的臺灣高材生，總是帶著一種謙遜感，讓人覺得氣勢不夠強大，缺乏發自內心的自信。

其實，我第一次在英國面試獵頭工作時，為我仲介工作的獵頭慎重交代：如果面試官問到為什麼想當獵頭，必須回答「money」！當時的我非常驚訝，但畢竟自己也沒有把握，我遵照這個建議，回答了「money」，最後在英國得到第一份工作，並外派到日本。

當時的我認為自己會被錄取只是好運，並非因為「money」這個答案。然而我展開獵頭職涯，多次與英籍面試官交手後，發現90％以上的面試官都偏愛候選人給最直白的答案，而非拐彎抹角、謙虛隱晦的表達方式。尤其是業務職缺，凡是回答「我愛錢！」「我想要買很多房子！」的候選人，幾乎都會順利通過第一關面

試。英國面試官認為：一個夠飢餓的人選，才能突破潛力，創造奇蹟。當然，在講完愛錢後也別忘了補充：因為愛錢，會努力為公司衝業績，也替自己創造紀錄，達成雙贏效果。

## 容易忽略的海外職涯準備

大多數的人通常不會把簽證、斜槓、理財等較為遙遠的計畫放在初步的準備階段中，其實這些都是初期的重要考量。

### ▶ 簽證

熟知當地簽證法規，才能做細膩的個人安排，讓自己的海外生活更順遂。

舉例來說，我在英國求學的期間，身邊多位朋友預估需要花八年完成所有學業，剛好前輩們分享留學簽證滿十年可取得永久居留權的資訊，因此大家各自透過不同的進修方式多待了二年，成功取得永久居留權。

各國的簽證規定不同，例如：在新加坡是工作三年取得永久居留權；日本則是以一年制的高度人才簽證換永久居留權；在英國，五年工作簽證或持續居住十年可拿永久居留權。有些人在可以取得永久居留權的最後一年離開，才後悔當初沒有堅持留下。也有人拿

到永久居留權後前往其他國家發展，累積多國工作經驗，再選擇想要定居的國家。

▶ 斜槓

　　英國唯一一位臺灣籍醫務人員獵頭小夏在準備轉職時，以轉介中文保母賺取外快的方式經營副業，降低臨時失業的風險（更多海外斜槓案例會於第七章〈斜槓，是加分還是扣分？〉詳述）。

▶ 理財

　　海外職涯中最怕的就是把薪水全用來繳房租，存不到錢。
　　無論有沒有經濟能力，都應關注當地的置產情報與不動產投資。購買不動產，長期下來可以替自己省下房租，在某些國家（例如日本）還有節稅的作用。
　　在第五章〈轉職順風車〉可以看到，好幾位海外工作者例如瑞典的艾琳、英國的小夏、新加坡的莉娜，都在三十歲前半以繳房貸代替繳房租的方式，擁有屬於自己的第一棟不動產，避免通貨膨脹或房租調漲。擁有第一棟不動產後，緊接著設立換屋目標，用第一間舊房換成第二間較新的大房子，慢慢改善海外生活品質。
　　近十年來，大家應該都明顯感受到愈來愈多人出國進修、選擇

海外就職，似乎在臺灣成為一種流行的象徵。

　　針對這個現象，我想分享人資小週末創辦人，也是職涯教練的盧世安老師的觀點：許多人自稱跨國工作者，其實只是跨出國家的國界，並沒有跨出工作的國界。海外工作者必須有長遠計畫，看清楚目前這份工作中是否擁有主導權、能否被培養成菁英，而不是找一份對職涯沒有加分效果的海外工作。盧老師的想法與觀察，對應了我身邊許多海外工作朋友的疑慮，他們處在不高不低的職務上，開始懷疑該留在國外或返回臺灣。如果你也有這些疑惑，可以參考第五章〈轉職順風車〉的故事，思考最適合自己發展的工作環境。

---

**第 2 章速速抓重點**

◆ 在日本工作，了解職場霸凌的申訴管道，提供自己的專業技術，無須極度融入當地社交圈。

◆ 大部分日本企業發展緩慢，可參考日本工作者先赴海外求職再回日本卡位的轉型路徑，或者挑選企業文化較為開放的公司。

◆ 在英國工作，展現狼性威力與工作狂態度，大勝中文能力。

# Chapter III

# Chapter III　洞察企業風向
## ── 企業端與大老闆究竟在想什麼？

　　我身為獵頭或執行招募工作的重要任務之一，就是頻繁地與企業高層溝通，理解他們找人的方向與策略，一起朝公司設定的目標招募所需人才。透過多年接觸的案例，我想與各位分享企業端的思維，特別是新世代老闆與傳統老闆所帶領的公司，在「招募策略」與「企業文化」有所差異。

　　許多工作者並不熟悉企業的想法與策略，也認為與自己關係不大，其實這樣的工作思維反而容易讓自己失去升遷機會，也可能變成被淘汰的危險族群。懂得掌握企業風向，想辦法增強或補足自己的能力，才是職場上重要的生存之道。

## 看懂企業風向 ①
—— 招募策略與卡對位置

　　企業端的「招募策略」會隨著市場變遷進行組織改革來加以應變，進而牽動著工作者的所需特質與能力。

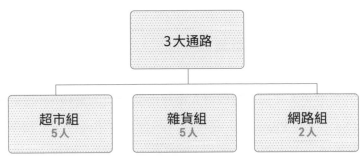

圖 5　市場變遷前的 A 公司業務部

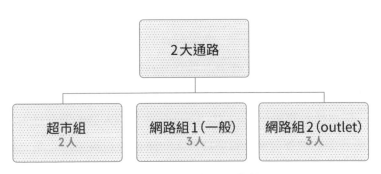

圖 6　市場變遷後的 A 公司業務部

如圖 5 與圖 6 所示，當市場開始變遷，消費者改為在網路上購物，變得少去超市，更不再去雜貨店消費時，A 公司業務部的組織架構與招募策略便產生了改變——「超市組」縮編、「雜貨組」裁撤、「網路組」擴編。工作者必須清楚公司的組織動向，才懂得如何卡對位置（第四章〈自我方向規畫與能力提升〉會詳述如何透過研讀公司內部組織圖，為自己規畫方向與提升能力）。

## ▶ 招募型態——接班人計畫

為了避免人才短缺造成沒人銜接而開天窗的窘境，「接班人計畫」（Successor Planning）是現在許多企業在組織改革上積極導入的招募型態，可以隨機應變，分配既有人力資產。接班人計畫又分為「外部引進」與「內部接班」二階段。

前者就是從競爭市場中挖角人才來接替企業的營運與管理。而且，不再僅針對高階管理職，而是從各部門基層人員的招募即落實接班人計畫。面試官除了評估人選的過去經歷，更看重是否擁有接任主管職的潛力，也就是以企業接班人的特質來衡量人選。許多大企業亦採用性向測驗（Aptitude Test）[15] 來分析人選的潛在能力。

後者即為培養自家各階層接班人，來留住已經適應企業文化並具有潛力的好人才，透過內部建立的評估系統來考核個人的在職表現，再由培訓課程提升接班人選的技能。

換句話說，站在工作者的角度，如果想進到一間「好公司」，應該確認該企業的招募策略是否以接班人計畫為中心——是把員工當作工具人，用一用就丟？還是想長期栽培？在面試過程中，應徵者可以透過「問對問題」來判斷，例如：

「請問貴公司走接班人計畫的路線嗎？」
「如有培育制度，請問會在進公司的何時公布與實行呢？」

然而，目前大多數的應徵者仍舊較為在乎薪資待遇、放假天數等，其實錯失了提出職涯規畫核心問題的機會。

## 看懂企業風向 ②
—— 企業文化與職涯規畫

**「經過內部開會討論的結果，因人選競爭激烈，很遺憾通知您並未錄取該工作職缺。」**

你是否曾經收到未錄取的通知信，卻無從得知不予錄取的原因？這種情況多半是應徵者與該公司的「企業文化」不符。提醒大

---

[15] 性向測驗（Aptitude Test）又稱「Psychometric Test」，是眾多外資公司招攬人才會使用的線上測驗，以英文出題，測試求職者的理解、邏輯、推理、數理等能力，例如 Talent Q（P 129）即是一例。

家應提前了解企業內部的「遊戲規則」。

例如：有些公司規定的績效制度（result oriented）是六個月內不達標即炒魷魚；有的公司偏向軍事教育，違反規定便會受到懲處；有的公司則是剛起步，尚未建立完整的制度；也有些公司不傾向錄取太聰明的人選，因此要的是「乖乖牌」，然而如果你滿腦子的創意，便難以被錄取。

又例如：有的工作者習慣日式的企業文化，按照上層給予的明確方向執行工作，那麼，這樣的工作者倘若來到一個必須「自由發揮」的環境，反而會不知所措；而有的工作者習慣中資企業的速度感與多變決策，回了臺灣便無法適應，認為工作效率低。無論再怎麼優秀的人才，進到一家不適合自己的公司，便會「當機」而無法發揮實力。

理解企業文化的方法，不外乎就是做足事前功課，例如上網看新聞，或是善用領英向離職者、獵頭打聽消息（相關應用技巧會在第四章〈自我方向規畫與能力提升〉詳述）。做足功課，也能將不適合自己的企業排除在名單外，避免匆促簽下「賣身契約」（offer letter）。我在過去的轉職過程中，會盡量向面試官提出企業文化相關問題，來尋找適合自己的工作環境。我在日本工作多年所接觸的都是西式的企業文化，而非傳統的日式環境，或許是這個原因讓我在職場中得以培養出適應力與創造力，享受海外工作的樂趣。

▶ 學習獵頭的套路，大膽判斷，小心求證

　　我還記得，每當以獵頭身分接觸新產業時，身為企業端與應徵者的橋梁，必須蒐集大量資訊來認識公司。獵頭並不是萬能的，不可能通曉所有產業知識。若求職者必須在短時間內抓到關鍵訊息，可以參考獵頭認識公司與判斷人選的方法，採用同樣套路來協助自己評估公司。

　　以下是我過去協助汽車業招募日本人才時所蒐集的官方資料。當時我是第一次接觸汽車業，為了更理解業界的人事物，我跟求職者一樣設法抓住所有資訊。我的方法是，將蒐集的資料記錄於表格內，再從中找出差異。

　　讓我們看看這二家日本汽車公司日產（Nissan）與馬自達（MAZDA）在企業文化上有什麼差異；同樣是日本的汽車製造商，如何從中看出二家公司對人才的喜好。

| 觀察項目 | 日產（Nissan） | 馬自達（MAZDA） |
|---|---|---|
| 銷售額<br>（2018 年度） | 11 兆 5,742 億日圓 | 3 兆 5,647 億日圓 |
| 淨利潤<br>（2018 年度） | 3,182 億日圓 | 830 億日圓 |
| 銷售輛數 | 551 萬 6 千輛 | 156 萬 1 千輛 |
| 員工人數 | 日產汽車：2 萬 2,272 名 | 馬自達汽車：2 萬 2,617 名 |
| | 日產集團：13 萬 8,910 名 | 馬自達集團：4 萬 9,755 名 |

| | | |
|---|---|---|
| **官網上出現次數多的關鍵字** | • 持續改善、顧客導向、促進團隊成功、創新、積極主動<br>• 「多元化」是公司的優勢，具發展性和創造性的想法<br>• 歷史悠久<br>• 和魂洋才<br>• 改革<br>• 雷諾－日產－三菱聯盟策略 | • 用創意來挑戰任何困難<br>• 持續不停挑戰 |
| **其他資訊** | • 「必須向各層級主管做相同的報告。」<br>• 「使命必達的文化非常嚴格，不適合想要快樂工作並享受樂趣的人。」 | • 「團隊意識強烈，尊重挑戰。」<br>• 「需要大量溝通。」 |

表 6 日產（Nissan）vs. 馬自達（MAZDA）

　　單就日產官網的情報整理成上述表格來分析：日產強調自己「歷史悠久」，中間經過法國公司「雷諾」的合併，企業文化正積極地「改革」，從傳統日式朝向為「多元化」發展；強調「和魂洋才」，凸顯求職者必須擁有靈活的軟性技能與堅定的工作態度；「員工人數」顯示規模龐大，舊式文化不可能一夕之間完全消失。所以，可以大膽判斷，日產想要的人選是不失傳統工作態度，又兼具**創造力**等跳脫框架思維的人才。

　　而馬自達的官網情報有限，只能看到「用創意來挑戰任何困難」或「大量溝通」等關鍵字，所以可以假設該公司的用人關鍵是**創造力**與**溝通力**。

除了官網資料，我也會打聽業界近況。

例如一位離職者曾經分享：日產雖然積極轉型，但內部大前輩依然習慣舊式的做事風格，對於太過洋式的工作模式接受度並不高；內部分工細膩，每個人專注於自己所負責的項目，發展專長；能夠接觸其他工作領域的機會相對少。

因此，以「應徵者」的角度來看，如果你不喜歡層層報告的束縛感，那麼日產對你來說可能是個極具挑戰性的公司；相反的，如果你喜歡有條理的管理模式，那麼有規模的日產會是個適合你成長的工作環境。

然而，將上述資訊換成「轉職者」的角度來看，如果你是日產員工，將來計畫要到外資公司或新創企業服務，那麼資方會認為你的**適應力**是個隱憂，面試過程中會針對此項軟性技能加強審核。

## 實戰 ①
## —— 揣摩各層級面試

許多人面試時停在某個關卡就無法前進，撇除無法達到資方需要的專業技術，很多時候是卡在給面試官的格局印象。一樣的面試問題被三種層級的面試官提問，應用不同深度的思維來回答。

| 各層級面試 | 考核重點 |
|---|---|
| CEO 面試 | 管理力、領導力、實際戰績、對公司的未來期望 |
| 部門主管（Department Head）面試 | |
| 部門經理（Department Manager）面試 | 創造力、可塑性 |
| 部門同事（Colleague）面試 | 合作力、貢獻度 |
| 人資（HR）面試 | 適應力、熱忱 |

表 7　各層級面試的重點

▶ 人資面試

　　通常人資對於職務所需技能無法直接評斷，然而如果這關沒過，求職者即使有再強的能力也無法進行到下一關。人資的考量主要是**適應力**與熱忱，因為不適任可能會引發工作壓力相關疾病，沒有熱忱則容易離職，反而增加必須重新招人的工作量。

　　假設人資請你用五分鐘做簡單的自我介紹，應徵者必須表現出對新工作的熱忱，並事先準備案例來凸顯對新單位的**適應力**，才能讓人資安心將履歷放在徵才部門的桌上，等待下一步安排。

▶ 部門同事面試

　　部門同事（Colleague）會期望新加入的夥伴減輕大家的工作負擔，因此注重**合作力**。若求職者在這關過度表現自己的風光事

蹟，反而會引起同事們的防衛心而投下反對票，因為已經對他們造成威脅。

### ▶ 部門經理面試

部門經理（Department Manager）思考的層面是帶領團隊達到高階主管所設定的目標，整個團隊表現決定部門經理的考績。換言之，部門經理需要具有**創造力**的人才，助他一臂之力，有效率地達到上級的要求。

在這個關卡，應徵者應該在自我介紹中提出喜歡有創造性的挑戰，然後補充如何與團隊合作來達到績效的實際案例。

### ▶ 部門主管面試與 CEO 面試

部門主管（Department Head）與 CEO 這二關面試主要著重應徵者的實際戰績、策略制定、改革成效。這個層級的長官看重的是公司的營運、利益，以及中長期發展。

在我接觸過的高階招募中，常見的面試問題如下：

● **你帶人的專長是什麼？**
● **如何增加公司收益？**

- 如何降低公司成本？
- 如何增加工作效率？
- 你能為公司做什麼貢獻？

應徵者得有條不紊地回答：

**「在部門營運上，我擅長把負成長變成正成長；我的策略是收掉賠錢的部門，將賺錢的部門分為 3 組，採取競爭方式，並且將沒有達到績效的人列為觀察名單。」**

假設你應徵的職缺不需要面對高層長官，卻有機會與部門主管或 CEO 面試，即使你沒有管理或經營相關經驗，也應蒐集業界競爭對手正在做的改革或策略等新聞，來加深高層長官對你的印象。

## 實戰 ②
—— 思考所在位置的所需能力

請透過下圖想像一下你任職於十人編制的業務部。

假設主任 1 帶領的團隊是國際業務部，那麼基層員工 a、b、c 必須擁有國際**溝通力**與**外語能力**。而主任 1 必須確保團隊績效並承擔管理與教育的責任，所以應具有**領導力**特質與提高績效的經驗。

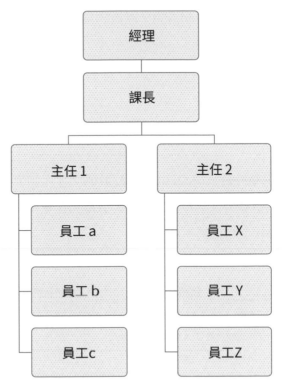

圖7 A公司業務部架構圖

　　假設主任2帶領的團隊是專攻國內業務，那麼基層員工X、Y、Z應具備的特質是用本土客戶習慣的語言增加業績，換句話說，在主任2的部門裡，洋派的溝通方式可能無法理解客戶需求，因而遭到淘汰。

　　至於課長與經理的職務是管理和評估部門營業額，同時與高層

經營者建立友好關係。換句話說，應徵的職務愈高，面試官看重的**領導力**比重就會愈高。

## 實戰 ③
### ── 透過人才考核表來自我檢視

下表是由某外資公司 CHRO 所設計的人才考核表，可以用來解釋在大公司組織的框架裡人才審核的分配與比重。工作者也可以透過這張表格增強自己的不足。

| 職務階級 | 職務類別 | 專業技術 | 領導力 |
|---|---|---|---|
| 基層至中階 | 一般 | 75% | 25% |
| 中階至高階 | 特定領域專才（specialist role） | 75% | 25% |
| | 全領域人才（generalist） | 50% | 50% |
| 高階 | 特定領域專才（specialist role） | 50% | 50% |
| | 全領域人才（generalist） | 35% | 65% |

表 8　人才考核表

上表明顯可見的是，當職務愈高，公司的期待比重會放在**領導力**，專業技術則可由團隊下屬，也就是基層與中階職務工作者來完成。這解釋了為什麼常常有人抱怨主管都不做事，因為他們的工作重心是「管人」。

所以，假設你想要爬到高階職務，設法爭取可以練習**領導力**的任務或專案是很重要的。

## 以 3 年、5 年、7 年，制定目標停損點

　　進到夢想企業，花了一段時間卻發現與企業的發展方向不一致，於是準備轉職，然而新公司又可能因為你在前公司待的時間過長，擔心**適應力**不足而不予錄取。身為工作者，究竟該如何確保每一步都是好棋？

　　建議大家設定好自己的三年、五年、七年目標。

　　求職者可以透過面試，評估新公司協助自己達成目標的機率。而在職者可以定期檢視自己有沒有完成階段性任務，同時也驗收所屬企業有沒有兌現到職時許下的承諾，如果情勢與期待不符，就應該提前準備轉職。

　　在現今的工作環境裡，工作者必須不停增加自己的價值，保持隨時可以加入新東家的最佳狀態（第六章〈求職與轉職渠道〉會以各種個案說明如何讓自己隨時處於最佳的備戰狀態）。

**年輕世代老闆怎麼想？**
──38 歲的臺灣國際連鎖餐飲集團副董事長

現在許多企業管理者都是二代接班，年輕世代的視野不同，看重的人才也與上一輩不一樣。首先求職者必須掌握老闆的年齡，推敲其思維。

海倫（化名）在十八歲時加入臺灣連鎖餐飲集團，從基層服務員開始做起，逐一通過各階段的考核，最後晉升到副董事長。

年輕世代管理者的用人思維大膽，我們來看看海倫的策略：

▶ **接班人計畫成功案例 ①：**
  **副董祕書 → 採購基層 → 香港 CEO**

海倫的祕書小橋（化名），工作態度積極，會主動追進度，總是在海倫交代事情前就已備好資料，再加上具備多**國外語能力**，海倫認定她具有高潛力，將其內調為國際採購基層專員。

小橋加入國際採購團隊，學習快且表現佳，很快就升職為採購主管。後來由於公司在國際市場上有擴店需求，海倫必須在短時間內找到可信賴的高層經營團隊──小橋被列入名單人選之一，最後被派任為香港區 CEO。

對海倫來說，員工的**自發性**是獲得提拔的關鍵特質。

## ▸ 接班人計畫成功案例 ② ：MIS 資訊長 → 海外 CEO

　　海倫公司的資訊管理系統（Management Information System, MIS）部資訊長也成功晉升為海外 CEO。海倫認為，具理科背景的人選邏輯性強、組織能力好，對於公司的新規畫較容易上手。

　　由海倫這樣的年輕世代領頭的企業，通常處於積極擴張的全盛時期，員工的升遷機會也會相對提高。年輕世代管理者的野心旺盛，可能想在短期間內擴張百家店鋪；相較之下，傳統世代管理者的心態偏保守，或是打算縮編。工作者若想快速升遷，可以鎖定企業文化正不斷發展的公司。

## ▸ 面試關鍵

### 1. 當場手寫履歷
　　雖然應徵者都會自己準備好履歷，但海倫會在面試現場請對方「手寫」一份空白履歷，依照手寫字跡與書寫的順暢度來判斷其個性是細心或是浮躁，以及對自己的經歷是否夠熟悉。

### 2. 5 分鐘自介
　　海倫會請應徵者在五分鐘以內簡述最近的三個職位做了哪些

值得一提的事蹟，從單向的自我表達中測試人選是否有雙向的**溝通力**。因為與客戶開會或陌生開發新客戶時，強大的**溝通力**是影響生意成敗的關鍵。

### 3. 工作案例

有一次，海倫擔任財務部稽核長職缺的面試官，請應徵者舉出稽核的工作案例。

某位應徵者提到，曾拒簽一張以 250 元冷凍水餃單據報銷出差晚餐費的申請單。有人或許會認為出差者自己烹飪冷凍水餃來當晚餐；但這位應徵者認為這項申報不符邏輯而拒絕申請。海倫因此對他留下工作態度嚴謹的深刻印象，錄取他擔任稽核長。

為了建立內部高潛力人才資料庫，海倫以人選能否具備扮演多重角色作為第一考量，以便於未來的人事調動。這也是現在人才短缺的社會裡，80% 以上的企業所看重的人格特質。

CASE 05　**精品業年輕高層怎麼想？**
——37 歲的世新國際事業有限公司執行副總

　　Tim 的高階主管經驗以中國與臺灣為主，其工作強項在於公司營運與整合，以及對臺灣與中國市場的深度理解，目前於世新國

際擔任執行副總，負責義大利精品 Kiton、Fabiana Filippi 及 malo 的在臺運營。

他運用**專業人脈網**與對國際市場的觀察而獲得業界大老的肯定，另外擔任中國某服裝業國際集團顧問董事，協助培訓線上與線下銷售團隊，帶領二位業務總監與五位業務經理，打造七十名員工的國際團隊，並直接向集團 CEO 彙報。

▶ 中國企業用人關鍵

Tim 對批發零售業與高端奢侈品市場人才需求的看法如下：

### 面試時決定錄取與否的關鍵要素

- 得體的穿著與髮型
- 眼神交流
- 具體說明什麼原因會再次萌生轉職念頭
- 到新公司的具體新期望
- 短中長期的自我目標
- 具體說明過去的工作績效

### 膚淺的致命答案

- 「想到公司學習。」

- 「我很上進。」
- 「我不怕吃苦。」
- 「之前的公司太操，壓力太大，想換新環境挑戰。」

Tim 直白地說，在競爭激烈的就業市場，企業不是讓人來學習的，求職者必須自己努力，求知若渴的態度是關鍵特質。他會請求職者提出對公司的期望、KPI，以及人生目標。他想要聽到的答案是，人選是否有自我學習或證照考取的安排，以及自我探索的人生規畫。此外，也可以運用一些作答技巧，例如說自己是外地人，為了房子，為了家人，已經設好目標盡全力拚，都能為面試加分。

Tim 分享了中國海底撈與大型快消品集團的用人準則：服務是有靈魂與生命的，銷售員的**創造力**與**發想力**可替銷售帶來不同的成果。身為 CEO 或高階主管，月薪 8 萬或 10 萬不是重點，老闆看重的是，投資這樣的薪水在一位員工身上，能否帶來數十倍顯著的績效，假設 8 萬能夠換到 200 萬的成果，便是個值得投資的數字。

## ▶ 臺灣工作者 vs. 中國工作者

在 Tim 的觀察中，臺灣工作者過得較為安逸，生活中通常只有上班和下班，年輕人尤其重視休假勝於個人績效，**主動學習**的意願不高。臺灣求職者考慮工作的態度多半是「看看，看看，再看看」；

而中國求職者則是「想要，想要，很想要」。二種態度的落差也反映在中國的升遷環境，三十五歲即當上中高階主管者比比皆是。

那麼，Tim 又是如何在三十七歲前便擁有數間企業的高階主管頭銜呢？

他剛到中國發展時，當地人對臺灣人較為禮遇也有所期待，畢竟臺灣資本社會發展得早，必須盡所能做出超乎想像的**創新變革**，並取得具體成效。他會大量閱讀管理類和銷售類書籍，甚至經常半夜用 VPN 翻牆看 YouTube 直到天亮，尋找靈感。

在競爭激烈的中國市場，求職者要把自己當作一株「藤蔓」，緊緊依靠企業這棵大樹，堅定且務實地向上延伸；只要做出具體績效，取得公司認同，終將能與大樹一同攀上枝頭，摸到藍天。Tim 格外注重人選是否具備十足的野心與**狼性**。

## CASE 06 年輕女創業家怎麼想？
—— 數家獨資企業女老闆 Linya

三十來歲的盛和雅集團董事長 Linya，在十八歲那年創業經營網拍，將原本只有二人的工作室擴編成中型企業。

創業至今，Linya 每週會學習新事物，每月拜訪上市企業或出席商業研習會，年年在事業上有新發展。此外，還擔任諸多國際品牌代言人，在時尚界也看得到她的身影。

## ▶ 跨領域學習

國際市場不停地改變，Linya 看重員工是否具有勇於嘗試與跨領域工作的能力，跟上不斷前進的組織，並一同成長，但這樣的人才在目前的就業市場上仍舊有限。

舉例來說，Linya 發現應徵行銷工作的求職者會排斥做客服的工作，認為雇主刻意增加工作量，因此將她冠上「慣老闆」頭銜。然而，Linya 的某位員工本來是護士，在接手跨領域工作後，發掘這名員工擁有挑戰多元工作的潛能，最後培養她成為部門經理。

面對年輕世代的老闆，工作者必須緊抓其大膽的用人策略，**跨領域學習**、擁有高度彈性、勇於接受挑戰，就有機會在人才緊縮的市場中脫穎而出，成為備受栽培的重要人才。

## ▶ 跳脫傳統職缺思維，培養新的生活習慣

關於臺灣就業市場，包含工作情報網站的主要職缺以「○○長」或「○○師」居多，就業者的思維也可能被這樣的職缺情報困住，因為大家只關注已知的工作，卻少有人去延伸新的可能性。

舉例來說，Linya 身邊有人從事「整理師」的職務，而且年薪百萬，此外還有「寶寶安撫師」這個職務。她之所以認識這些職務，也是自己隨時跟上市場趨勢而得知的。

臺灣未來的就業環境，高階主管必須愈來愈年輕化，才能與海外企業的年輕高層溝通。現代小孩愈來愈早接受各種技能的培養，「敏銳度」也相對的高。沒有多重技能卻想靠埋頭苦幹而升官的工作者，淘汰機率會大增，很可能在五十歲面臨失業危機。

　　每位工作者可以透過活動通（Accupass）等線上資源與專業人士互動，避免生活過於單調、同溫層太厚。如果連這些新的生活習慣都不願嘗試，被市場淘汰的機率會隨著年齡一同增長。

---

CASE 07 ┃ **傳統世代老闆怎麼想？**
—— 中國順風肥牛餐飲集團創辦人倪總裁

　　中國順風肥牛餐飲集團是我過去的客戶之一。從 1996 年創立至今，在中國各地共有二百間加盟店。在創辦人倪昕總裁的領導下，順風品牌拿下全國前十大中華火鍋的國家獎項。

　　倪總裁的用人策略是，與其痴等外部的菁英加入團隊，不如活用內部的潛力人才。她看重在職者是否會自我成長，沒有持續進步的員工不會被列入培養名單之中。

### ▶ 從會議上測試提問力

　　倪總裁判斷員工是否持續進步的方法之一是「提問力」。

舉例來說，在會議上有沒有積極發問，反映出在職者的工作態度。許多人或許寧願不提問題，也不要亂問問題。然而倪總裁認為，企業為了持續進步，通常會透過開會來發現問題，無法在會議中主動提問的人別談問題解決能力，可能連發現問題的能力都沒有，這樣的態度代表著對公司、對工作，甚至對自己不負責，或許只想領一份死薪水，因此嚴重影響到獲得提拔的機會。

▶ 愛比較的心態，拖累職涯規畫

**「企業給的薪水並不值錢，真正有價值的是在職場中磨練出的軟性技能。人因夢想而偉大，幹久了，天下就是你的！」**

倪總裁指出：在職場上卡關的年輕人，不外乎有種愛比較的心態，經常受到他人影響而使自己的前進動力停滯。她遇過許多年輕人抱怨張三不好李四不行、覺得自己比誰都強卻沒有升遷機會、看不起空降部隊、認為老闆比較寵誰……這種挑剔眼光與指責他人的心態是影響職涯的致命因素。與其抱怨現狀，不如將重心放在個人成長，壯大自己後才能往更高處爬。

目前，倪總裁已將公司營運交接給下一代，自己則往下一個創業目標前進。她提到，即使已傳承到新世代的手裡，企業的精神和理念會維持在二八法則，也就是「20％新世代模式＋80％原始制

度」。求職者揣摩新世代老闆的思維時，也可將傳統世代老闆的成功之道融會貫通，必能在職場有亮眼表現。

最後，我想再提醒大家一個常有的迷思。

我們經常從他人口中聽到類似的話：

**「A 公司『超爛』、B 公司『很操』……千萬不要去！」**

但是，你怎麼知道別人所謂的「超爛」「很操」可能是你的「機會」？

有些人是一板一眼的公務員性格，無法在沒有制度或自由放任的組織生存；有些人腦子靈活，懂得找機會，擁有**創造力**，在這樣的組織裡反而可以激發他所有的潛能，而且備受重用。

建議求職者：打聽內部真正的故事，了解離職者是什麼樣的人，再綜合所有資訊來評估自己是否適合這家公司、能否駕馭這個職位，而不是以一句話就打翻一家公司。

---

### 第 3 章速速抓重點

◆ 判斷一家公司是否有發展性，比起薪資與福利，更重要的是內部是否實施接班人計畫。

◆ 判斷一家公司是否適合自己，可分析企業官網資訊，或透過人脈網打聽內部消息。

◆ 定期檢視自己的階段性任務與資方是否實現招聘時的承諾。

◆ 年輕世代老闆用人大膽，升遷速度快，需要能夠扮演多重角色的人才；傳統世代老闆注重內部員工的自我成長，從中提拔人才。

# 自我方向規畫與能力提升

如何量身訂做自己的職涯地圖?

2030 轉職地圖:成為未來 10 年不被淘汰的國際人才

# Chapter **IV**

## Chapter IV　自我方向規畫與能力提升
── 如何量身訂做自己的職涯地圖？

　　職涯規畫就像是為自己量身訂做一項產品，沒有所謂的正確答案，只能靠自己去摸索，尋覓合適的道路，透過本章你可以得到一些啟發。

　　首先，必須觀察公司內部組織圖，並掌握外部競爭對手動向，搞懂內外最新情勢；善用 SMART、領英等實用工具與現有資源來提升自我能力；加強軟性技能中尤其重要的人脈網能帶來許多收穫；最後，將大企業拿來測試求職者的職業性向測驗反過來運用，理解自己的強項，巧妙置入個人履歷與面試作答中。

## 方向規畫 ①
── 研讀公司內部組織圖，判斷升遷可能性

　　許多工作者常常誤入沒有發展性的公司，抱怨沒前景所以想轉

職，然而又遇到轉職不順或愈換愈糟的情況，在惡性循環中浪費寶貴光陰，其實這往往是沒有理解「公司內部組織圖」所致。

　　組織圖反映了你在這家公司的位置——包括現在與未來，可以協助你判斷公司規模、員工年齡層、卡位機率。

圖8　某百貨零售業 B 公司行銷部

　　如圖 8 所示，通常百貨零售業的營運模式會涵蓋：實體店面的行銷、媒體網路的行銷、專門負責產品的行銷，而這三個部門旗下可能還有各自或者共用的行銷策畫人員（Marketing Planning staff）與設計（Design staff）。換句話說，想要晉升為該公司的行銷總監（Marketing Director）位置，必須擁有 ① 實體店面行銷

（Channel Marketing）[16]、② 媒體網路行銷（E-Marketing）[17]、③ 產品行銷（Product Marketing）[18] 三個部門的綜合經驗，才能駕馭這份職務。

以「卡位機率」來分析，在職者若想晉升到目標職位，必須補足能力不足的部分；反之，若該位置因為企業文化，短期間內無法在內部卡位，那麼就必須為自己安排新的出路。還記得第三章的CASE 04 嗎？該公司即是正在積極擴點的新創公司，升遷速度比具有歷史的大公司來得快；相對的，傳統大公司的員工離職率較低，核心職務被卡得很緊，在職者難以升遷，那麼可以先將公司的精髓學會後再另謀他職。

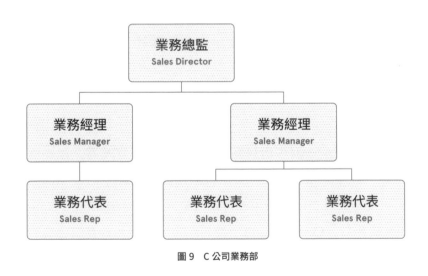

圖 9　C 公司業務部

以「公司規模」而言，如果你是業務部的業務代表（Sales Representative），想往業務經理（Sales Manager）升遷，但由於公司規模偏小，難以卡位，那麼你的轉職方向應該優先考慮如圖9有二個業務經理以上規模的 C 公司發展，因為組織規模愈大，代表該公司愈有足夠的人事預算，有助於在職者爬上順利接應的階梯。若你想晉升到圖9的業務總監（Sales Director）位置，必須具備領導最少二個部門的能力。

▶ **主動出擊**

身為應徵者該如何掌握一家公司的內部組織圖呢？

除了在官網搜尋資訊，也可以在面試中直接請教資方，例如：

**「請問貴公司的組織架構？」**

**「請問貴公司的升遷管道是什麼？」**

**「請問貴公司的評鑑標準為何？」**

**「假設我達到考績，請問會有什麼樣的位置？」**

---

[16] 實體店面行銷（Channel Marketing）　店內促銷、單櫃促銷等活動籌畫。

[17] 媒體網路行銷（E-Marketing）　FB、IG、YouTube 等媒體與官方網路平台等活動籌畫。

[18] 產品行銷（Product Marketing）　產品促銷、產品市場調查、產品教育訓練、產品發表等。

透過「問對問題」掌握公司內部的發展規畫、自己的升遷位置與所需時間，以及升遷的評鑑標準等。

順利進入公司後也不可卸下防備，一、二年後主動詢問：

**「老闆，請問我可以打擾您 10 分鐘的時間嗎？我在這個位置做了○年，也通過考核，達成考績，我想為接下來做規畫，請問您對我有什麼期待？或是希望我往哪裡發展？」**

像這樣，以明確的方向與積極的策略，規畫自己的職涯路徑，知道什麼時候該走、什麼時候該留，否則持續待在一家沒有發展性的公司，自身優勢會愈磨愈弱，陷入被當工具人的困境。

## 方向規畫 ②
── 掌握競爭對手動向與國際市場需求，鞏固自我優勢

了解公司內部的升遷機會後，積極的求職者也必須掌握「競爭對手動向」。

例如星巴克的工作者，其競爭對手便是路易莎或西雅圖規模的公司，假使觀察到業界人士都紛紛離職或準備轉型，就是一個警示：大環境即將有新的變遷，必須思考備案，開始規畫下一步。

再舉另一產業的例子，圖 10 是 IT 工作者所在的組織圖：

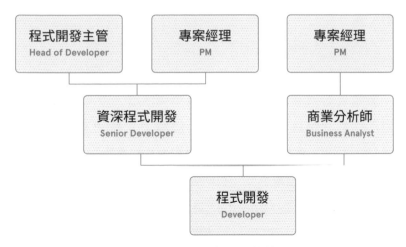

圖 10　IT 工作者的階段性發展與持續性整合

　　假設工作者努力往程式開發主管（Head of Developer）或專案經理（PM）的方向發展，然而正如第一章〈臺灣職場新趨勢〉所述，未來的「國際市場需求」傾向擁有**持續性整合**技能的「整合工程師」，那麼目標職位在市場上的需求度便會降低──未來，整合工程師可能取代專案經理。換句話說，倘若工作者忽略整體市場動向與人才需求的改變，便會使將來的發展方向卡住或受限。

　　隨時關注業界領頭羊的組織變化，同時洞察國際趨勢，即使將來所屬公司倒閉，至少自己還跟得上市場需求。

## 善用工具
## —— SMART + How

　　清楚公司內部組織圖與國際市場需求後，求職者應拿出行動力，開始制定目標。在我的工作經驗中，高階主管經常利用「SMART 原則」來制定工作績效。SMART 的邏輯也可以幫助工作者規畫職涯，隨時追蹤進度，在期限內完成目標。

　　SMART 分別是：**S**pecific（具體）、**M**easurable（可衡量）、**A**ttainable（可實現）、**R**elevant（相關）、**T**ime-based（時限）。接著搭配「How」（如何達成）來制定實際行動的方法。

　　以下是「S」（具體目標）搭配「How」（如何達成）的範例：

| S（具體目標） | How（如何達成） |
|---|---|
| ① 持續學習（外語能力、專案管理執照） | 報名實體授課或線上課程 |
| ② 創造力 | 參加專業論壇或社交活動與人互動 |
| ③ 領導力 | 加入社團或非營利組織，擔任領導職務 |
| ④ 批判思考 | 報名專業線上課程、參與相關論壇 |
| ⑤ 問題解決能力 | |

表 9　「S」搭配「How」的範例

　　而且，這些目標必須符合「MART」：

| MART | How（如何達成） |
| --- | --- |
| M（可衡量） | 多益或托福的分數 |
| A（可實現） | 參與證書課程或執照班 |
| R（相關） | 對轉職有幫助或加分 |
| T（時限） | 設定短中長期目標，如 1 週、3 個月、6 個月、1 年以上 |

表 10 「MART」的範例

　　例如，報名英文語言學校與線上英語母語會話課程，給自己一年的期限，預計明年考取八百分以上的多益證書，並申請內部異動，轉調至需要英語能力的部門。

　　不要小看 SMART 淺顯易懂的目標原則，不管是履歷撰寫、面試作答，或是與主管共事，都能幫助你善用邏輯表達，增加有條理的規畫能力。

　　假設面試官這麼問你：

Q　請問你在我們公司有什麼目標？

如何利用 SMART 來回答呢？

A1　我希望當到主管。【✕】

A2　我計畫 2 年內成功陌生開發 50 位新客戶，幫公司業績成

長 20%，成為公司願意培訓的人選，通過各種考核，得到管理職的位置。【○】

A 2 的回答比 A 1 出色許多，清楚反映應徵者的邏輯能力與未來規畫。

曾任亨氏食品公司（Heinz）與金寶湯公司（Campbell Soup Company）人資總監（HR Director）者也建議工作者使用 SMART 協助自己規畫個人職涯。

有時候，我們需要的是耐心等待一份「對的」工作，而不是冒然接受任何工作，即使是高薪挖角，但倘若該職缺對於自己的職涯發展毫無益處，也是無濟於事。舉例來說，假設你的目標職位是某公司總經理，那麼現階段的工作內容應該有助於培養**領導力**、**教導和培訓**等技能。

## 善用平台
—— 領英（LinkedIn）

除了 SMART 之外，也可以參考相關的**轉職案例**，定期優化與更新自己的履歷。

轉職案例可以從領英、身邊人脈、獵頭，打聽從事相似工作者

的歷程與心得，並且仿效。也可以在領英上直接聯繫對方，詢問可否分享轉職故事，相談甚歡的話，也能試試看打聽業界消息。

圖 11　行銷總經理 A 男士的履歷

　　圖 11 是行銷出身的總經理 A 男士的領英履歷。

　　一開始他在花旗銀行（Citibank）服務，不久後轉職到外資匯豐銀行（HSBC Bank）工作長達九年，從副理（VP）當到分行經理（Branch Manager），後來進入法國巴黎人壽（BNP Paribas

Cardif）擔任電話行銷部主管（Head of Telemarketing），目前為行銷顧問公司總經理。為什麼 A 男士一路以來都在銀行、人壽等金融圈工作，最後卻加入行銷顧問公司呢？或許可以大膽判斷，他擁有金融圈客戶人脈，再加上曾任電話行銷部主管，對行銷領域非常熟悉。對於企業而言，除了能借助他的行銷專業，還能帶來金融圈客戶，因此邀請他擔任總經理一職。對於 A 男士而言，升任總經理也是職涯發展中相當具意義的里程碑。

　　領英上有許多各界的菁英與好手，可以檢索與自己相近的目標對象，學習他們選擇以什麼樣的企業當作跳板，一步步坐上這個位置，能為你的職涯規畫帶來更多啟發（更詳盡的轉職案例與領英的使用技巧，詳見第五章〈轉職順風車〉與第六章〈求職與轉職渠道〉）。

## 善用無形的世界校園
### —— 國際線上課程

　　在歐美國家，職涯規畫的起跑點從國中時期便開始，例如德國在國中階段即有職人專門技能學校，家長會讓孩子自己選擇往專業技術發展或者就讀大學。歐美職場更注重專業技術。技術職的薪資不僅比非技術職來得高，從學生時代就接觸產業的專科生與大學生的評價也不分高下。許多歐洲的資深經理都不一定擁有大學學歷。

歐美的孩子從學生時期便不停探索興趣，再努力深耕，接著透過高等教育來強化相關技能，即使中途失敗，當時年齡依然落在二十歲到三十歲之間，不怕沒有體力與時間再嘗試第二次挑戰。

　　反觀臺灣，父母處處為孩子打基礎、做決定，怕他們輸在起跑點，許多人直到進入職場才開始思考職涯規畫，甚至是遇到瓶頸才願意正視問題，然後慌慌張張地找尋解藥，煩惱著如何轉換跑道。

　　為了迎接 AI 時代的挑戰，西方國家花費許多工夫培育具備**批判思考**與**問題解決能力**的人才，有些國家的教育已設計跨國的線上思辨課程，例如康乃爾國際辯論夏令營（Cornell International Summer Debate Camp），在臺灣的學生可以透過這些線上課程與國際好手交流，磨練自己的軟性技能。

## 能力提升
── 專業人脈網 vs. 社交人脈網

　　閱讀至此，我們一直從案例中看到，具有軟性技能者才是企業的最佳人選。在這裡，我想特別補充**人脈網**這項技能的重要性。

　　在臺灣，下班後大家習慣與熟悉的朋友相聚，也有不少人只待在自己的小圈圈，認為沒有必要花時間認識新朋友。而在英國，有下班喝酒的英式文化，一個人去酒吧喝酒，與周圍的人聊聊時事或身邊大小事，是一件習以為常的事情。其實，**人脈網**是自我能力提

升中非常重要的軟性技能，甚至**創造力**、**溝通力**、**批判思考**、**問題解決能力**都能透過**人脈網**得到啟發。

我在英國生活時，最常聽到陌生人問候天氣：「It's a very nice weather today.」英國人問候天氣就如同「How are you?」的開場白一般自然。在這樣的環境下，我習慣與陌生人交談，也間接培養主動詢問對方想法的社交能力，精進自己的**溝通力**。在生命中每一天遇到的陌生人，都可能在因緣際會下變成貴人，也可能是引薦另一位貴人的貴人。

**人脈網**又可分成**專業人脈網**（Professional Networking）與**社交人脈網**（Social Networking）。

### ▶ 專業人脈網──透過參加活動來「越級打怪」

與跟自己專業領域相關的人士打交道非常重要，除了能提升專業知識，也可以掌握其他陣營的近況或祕辛，讓自己隨時處於狀況內，不易在這場生存遊戲裡被淘汰。

領英的 IT 業甘苦談或快消品業甘苦談、齊聚女性領導人的全球女性影響力論壇（Global Women Impact Summit, GWIS）等專業論壇，都是建立**專業人脈網**的管道。在這樣的交流會中，彼此都是業界的敵人，卻能夠分享與討論，將對方的**觀點**納為自己的知識；甚至能從中認識競爭對手的 CEO，找到**轉職機會**。

## ▶ 社交人脈網──習慣挫折，成為無敵

建立專業領域以外的**社交人脈網**也很重要，可以從「有興趣」的活動與「零經驗」的活動開始。

參加有興趣的活動才能持續，也能跳脫工作壓力，從中找到熱忱或天賦，增加靈感，帶來**創造力**。參與零經驗的活動會逼迫自己從頭開始學習，體驗挫敗感，透過面對挫折增進**問題解決能力**。

以下我想分享自己的例子。

我知道自己沒有下廚天賦，但逼自己報名東京製菓學校的麵包、蛋糕、和菓子專門課程；我知道自己沒有舞蹈細胞，卻又逼自己去學拉丁舞。一開始我烤出來的麵包是全黑的；我是社交舞社團裡跳得最差的。我想體會拚命努力卻都做不成的挫敗感。

為什麼我如此虐心呢？在私人活動裡的失敗不會造成太重大的影響──你可以不去上課，但是不能不去上班。然而，在職場上的失敗可能會造成身心靈的崩壞，不放棄的精神要從「可以失敗」的地方練習，習慣挫折後，你會發現許多失敗只是小事。

例如有些人愛面子，無法接受在公開場合被唸個幾句，但如果從私人活動中學習「習慣丟臉」，也能對職場上的挫敗一笑置之。擁有**社交人脈網**這項軟性技能，可以讓你面對職場上的「心魔」，不再畏懼任何打擊與新挑戰。

**社交人脈網**更能培養獵頭選人的強大直覺與判斷能力。獵頭的

日常就是不斷接觸各種領域的人，久而久之便懂得人心，甚至被稱作「職場算命師」，其實這些都是可以培養的技能。你也可以善解人意、很會 social，只要去參加活動！

我常常說，最簡單的做法就是「走出去」！有人可能會認為：「網紅、自媒體……那是什麼？跟我有啥關係？」然而如果你每天去接觸，了解他們的生活，一天接觸一位產業人士，三十天就接觸了三十位，你的想法會漸漸改變，並培養屬於自己的**社交人脈網**。

另外，依據我過去的招募經驗，許多菁英都在各式活動中相當活躍，甚至因此成為有號召力的活動發起人，這樣的人選正具有**領導力**與**合作力**。求職者在面試中無意分享私人從事的興趣或活動，都可能成為被看重的關鍵。

培養建立**人脈網**的習慣，不只能優化社交技巧，更有不可預期的附加價值，能為你帶來意想不到的工作收穫，例如跨國的工作機會（詳見第五章〈轉職順風車〉）。

▶ **人脈的迷思──認識○○○不代表他就會幫你**

人脈的經營可以讓你**持續學習**，帶來不同的啟發，對職涯規畫有強大的影響。但許多人對人脈有錯誤的期待與迷思，認為認識「對的人」就可以在職場上找到捷徑。

有些求職者希望 A 經理或 B 副理為自己拿到求職過程中的快

速通關票，然而事實上，部門主管或高階主管必須背負人事成本控管的壓力，通常只會引薦有戰鬥力的人才，幫助自己的部門達到KPI。更直白地說，認識哪位有力人士，並不代表他有義務幫你。

其實，經營人脈並不是為了短期目的，而是增長知識，再將知識與更多人分享。倘若人脈資源充足，便能用「對等的資源」與他人交換，建立雙贏的成果，獲得更穩固的連結。當你變得強大，能夠幫助他人，你自然會被看見。

---

CASE 08 旅居海外 20 多年的我，如何構築當地人脈網？

每到一個國家，我會積極建立當地的人脈網，因為這是最快融入異地的方式。

▶ 英國經歷──打黑工的夥伴

在英國的我，十七歲開始在中餐廳的外賣店打工。

我隻身前往異鄉求學，身邊沒有可以依賴的親人，於是想透過打工認識華語圈朋友，尋找可以商量事情的對象。我從當地歸化華僑的老闆娘身上快速學到許多寶貴的資訊，例如提前安排學生簽證、申請英國永久居留權的各種攻略，替自己省下許多錢，也避開不少冤枉路。

其實，影響我最深的是打工的同事。

當時，英國移民局並無嚴格執行非法偷渡的法案，我身邊的打工同事幾乎都是難民身分或是沒有身分的非法移工。他們與我分享許多駭人故事，比如三百名非法勞工在農村借了上百萬的高利貸，搭著破船前往英國淘金，然而途中遇到狂風暴雨，有些人被擠下船，結束了生命。這些同事都經歷過搭乘破船加上人蛇貨櫃的轉運，才成功抵達英國，在當地靠著打黑工賺錢，期許將來能返回家鄉蓋房子，改變貧困的生活。

當初我以為這是不可思議的故事，但十幾年前，剛好有個歐洲人蛇集團貨櫃的新聞事件，五十多位非法勞工在冷凍貨櫃中喪生，印證了打工同事與我分享的故事。值得一提的是，其中一位順利「苟且偷生」的同事拿到英國永久居留權，不僅還清債務，還在英國置產，開了餐廳，經營得十分順利。其實，目前許多在英國經營中餐廳的老闆都是十多年前成功留下來的奮鬥人士，這十多年來我們在線上保持密切的聯繫。

受到這群朋友的激勵，不論在學校或生活中遇到不順心的事，便會想起他們的故事，支撐著自己繼續前進。在英國求學期間，我也仿效他們，毫無間斷地從事多份打工，這些打工經驗最後都成為面試時過關斬將的武器。

很巧的是，近年來亞洲料理和食材在英國的接納度愈來愈高，開啟了餐飲業商機，剛好我接到一項招募案子，需要尋找歐洲

廚師相關職缺，透過這些**人脈網**的引薦，更有效率地達成我的工作任務。

## ▶ 日本經歷──從 0 開始摸透金融業

剛到日本的第一年，一切從零開始。

我在日本的第一份工作是擔任金融業 IT 領域的獵頭。不要說什麼人脈了，我根本沒有認識的人，對金融業也完全陌生，就連基本的專有名詞都沒聽過。我如法炮製了在英國的生存模式。

首先，我到日本當地的中華料理店與資深的華僑前輩建立關係；再透過參加各種餐聚，認識了金融業的華語工作者；與他們接觸後，我更熟悉金融圈與相關知識。

下班後，我前往東京的金融人士愛去的英式酒吧，努力與業界人士交談，理解生態，打聽消息。透過這樣的模式，快速抓到金融圈的關鍵肥羊，得到其聯繫方式。打入他們的圈圈後，陸續獲得不少商業合作機會，因此快速達成 KPI。

我參與的每場社交活動，所接觸的對象涵蓋了官階高的領導者與仍在基層努力的小職員，我們經常分享職場人小事，這些交流都在無形之中培養我的**批判思考**，啟發**創造力**，磨練臨場反應力與對環境變化的**適應力**。

## CASE 09　人脈網無限延伸的強大力量

以下是我最近拓展**人脈網**的路徑：

① 安追 → ② 菲比 → ③ Linya → ④ G 哥 → ⑤ M 小姐

由於我長期在海外生活與工作，臺灣的人脈主要來自小學與國中求學階段的朋友。在英國的臺灣朋友「安追」為我介紹臺灣的「菲比」。參加菲比舉辦的活動，我認識更多有影響力的朋友們。

▸ **精通 18 般武藝的名媛 Linya，如何安排 1 日行程？**

〈https://www.facebook.com/linya 322〉

Linya 是上一章提到的女創業家，她的臉書追蹤人數超過一萬五千人、IG 超過八萬人。

最令我驚豔的是，她經常在臉書分享文武雙全的活動——從動態的爬山攀岩、水上滑板、騎馬、太極武術、空中瑜伽、舞蹈，到靜態的書法、刺繡、珠寶鑑定、美學鑑定、古箏、設計、烘焙。

我好奇地請教她的一日行程。

Linya 每天早上六點半起床，凌晨二點就寢。她將一天切成四

個重要部分：工作、活動、朋友、家人。最高紀錄是一天參加六到七場活動。參加每場活動前，她會清楚列出自己的動機與目標，例如維持與人的連結、洞悉市場動向、研究新活動的舉辦方式、交流業界新知等。

之所以從未間斷這樣的作息與生活方式，就是為了跟上變化萬千的市場。身為老闆的她，其工作使命就是選對人才，帶領團隊，而參加活動可以帶來**創造力**，不停優化自己的**觀點**與思維。

### ▶ 知名模特兒經紀公司海外公關總監的謀職渠道

後來由於 Linya 的邀請，我認識了熱愛辦活動的「G 哥」。

G 哥的活動安排得非常細膩，而且每場貴賓都大有來頭。他認為**人脈網**的連結是日常生活中的重要資產，希望透過活動將身邊的朋友串聯起來，互相激發**創造力**。如果大家透過交流而有所收穫，也是他對自我能力提升的肯定。

參加幾次 G 哥的活動後，我又認識了更多魔王等級的大人物。其中一位是知名模特兒經紀公司海外部的公關總監「M 小姐」（化名），年僅三十歲。

M 小姐與我分享她如何取得這個職位。

她主動接觸該模特兒經紀公司高層，並向對方提案：透過籌畫新部門來提高公司效益。她的提案被高層採納，為她開設了海外部

的公關總監職位。得到這個職務的她，立刻報名北京清華經管學院的時尚 CEO 班，在最短時間內擴張當地人脈網。

## 如何找到自己的天賦與強項？

我在臉書上問大家，最想在職涯規畫書裡看到什麼內容時，有位學妹提到，如何找到自己的天賦是困擾她許久的問題。

市面上有許多關於職場天賦的書籍，英國的創意與教育專業顧問肯‧羅賓森（Ken Robinson）在《讓天賦自由》（*The Element: How Finding Your Passion Changes Everything*）中提到，不停地探索興趣，才會讓潛在的天賦出現在生命裡。就我工作時遇到的案例來看，許多成功者一開始也不知道自己的天賦為何，只是單純地專注在特定目標上，從失敗中學取經驗，用經驗在職場上交出漂亮的成績單；也有人運用興趣帶來的動力，讓自己成為特殊領域的專家，再從中發掘天賦，進而在職場上發光發亮。

然而，找尋天賦，找尋興趣，並沒有一個套路可以直接獲得解答。我想分享三商美邦人壽經理與士林卡 CEO 的故事，或許可以帶給大家一些啟發。

CASE 10 30 歲的三商美邦人壽經理，如何找到天賦？

　　一般人對於保險業的常有敘述是，真的找不到工作就去做保險。然而，保險業並不是一份找不到工作而剩下的選擇，真正能駕馭保險業並做出亮眼成績的人並不多。

　　我有一位朋友叫作邱韻綾，今年三十歲，在保險公司三商美邦人壽擔任經理職，年薪百萬。從小，她的家裡一直有投保的習慣。大二那年，韻綾開刀住院申請保險理賠時，卻發現買了十多萬的保單當中，竟然沒有一張適用，於是她毅然決然投入保險業，開始研讀所有保險產品，找出無法理賠的原因。

　　她不希望其他受保人也經歷像她一樣的慘痛經驗，因此持續累積專業知識，幫助身邊的人。在這份工作中，她協助不少因突發狀況而面臨經濟困難的家庭，從中找到成就感，同時累積他人的信任感。獲得更多肯定後，她努力進修，考取各類證照，成為保險專家，躍升工作崗位的模範代表，而且晉升為經理。

　　然而，韻綾是否天生就適合擔任保險業務呢？找不到其他工作的人能否在保險業做出一番成就呢？我身為旁觀者分析韻綾，保險商品多而複雜，需要專業人士協助規畫，才能及時雪中送炭，最重要的是，面對客戶時必須耐心聆聽他們的敘述，理解他們的感受，而這就是她與生俱來的天賦——**同理心**。這樣的天賦也可運用在不同領域，例如心理諮商，闖出更廣闊的天地。

〈https://www.facebook.com/slycfb〉

　　士林卡（全名為士子如林特約聯名卡）創辦人戴偉哲畢業於某大學企管系，第一份工作是從事高規格健身房會員的業務，不僅業績表現優異，得到公司的獎勵與肯定，他也發現自己十分享受與人溝通的過程，堅信要朝向與「人」互動的工作發展。2005 年正好是臺灣人前往中國工作的風潮，KPI 達標的偉哲主動申請中國區儲備幹部的職缺，但由於年資不足，總公司拒絕他的申請。

　　他並沒有放棄出國的念頭，二十四歲的他利用求職網站找到在生產線工作且吃住全包的臺籍幹部職缺而前往中國。後來在朋友的牽線下，進駐江蘇省蘇州大學，替學生社團舉辦一整年的團康活動，每場有三百至四百人參加。在那個沒有智慧手機的時代，整個校園充滿了上萬名學生享受著與人密切交流的風氣。

　　在中國待滿二年的偉哲返回臺灣求職。他申請上聯合國青年活動（Conference of Youth），擔任將臺灣的人情味擴散出去的公關工作；他的海外經歷獲得臺灣有機連鎖通路老闆的青睞，公司破例收他為董事長特助。

## ▶ 將夜市攤位企業化的轉型經營

擁有海外闖蕩與在大老闆身邊工作的經驗後，偉哲更加確定自己對於「人」抱有無比的熱忱，與人交流是他的興趣，從興趣與熱忱出發才能找到「天職」。他將職涯重心放在與「人」交流的業務工作，接著統整自己的現有資源——正好父母在夜市擺攤，於是他靈機一動，從開發自家生意開始練習。

偉哲撰寫家中百年老店的故事，用故事行銷、上節目等方法增加曝光度。他觀察到，上班族會在特定時段有個空檔，於是主動前往離夜市最近的大型公司狂發傳單，並提供士林夜市百年老店外送服務。後來還因訂單爆滿，人力無法負荷，被父母唸了一頓。

摸索過程中，他發現學生族群的吃飯時間非常穩定，讓他回想起在蘇州大學辦團康活動時吸引學生的關鍵——「玩遊戲」，於是，以結合遊戲性質與外送服務的經營策略攻下學生通路：

**「訂餐滿 1 萬，就可參加大逃殺遊戲，外加拿獎金！」**

訂單穩定成長後，學校問到有沒有提供與其他商家一起外送的整合服務。機靈的他開始聯盟附近飲料商家，創立「士林卡」的會員機制——凡是出示學校與士林卡合作的會員證就能享有專屬優惠。服務一推出，從泰北高中的八千人入會需求，擴大到各大學校

紛紛想加入會員，原本嘗試性的專案竟成為穩定的商業模式。年邁的父母也因此終止外送服務，開始計畫退休生活，讓偉哲將所有時間都投入在士林卡的經營上。

士林卡目前為臺灣最大的學生校園特約卡。2009 年創立，目前共有二千五百間以上特約店家，涵蓋七十個商圈，每年約有七十所各校學生會與班聯會推薦，提供四十萬名以上的會員。

偉哲表示，個人色彩與人格特質是無法被複製的，只有在職涯中看見自己的成長，才不會被市場淘汰。藉由自我探索而白手起家的偉哲，認為「興趣」非常重要。做沒興趣的工作只會讓生活愈過愈乏味；做有興趣的工作，不僅能夠樂在其中，還能帶給人快樂。

## 反向運用職業性向測驗與結果分析

除了參考上述案例，市面上有許多自我探索的相關書籍。認識自己，是為了尋找對的渠道，活得更精彩，不過，對自己的認識並不代表他人對你的認識。

例如，你認為自己開朗的個性適合做陌生開發的業務工作，然而主管卻想將你定位為儲備主管。你滿心期待加入這家公司，殊不知與主管的認知不在同一條線上，瞎忙多年仍得不到賞識。其實，以人資的角度來看，在職場上想要做出一番成就，主管對於工作者的認識是主要關鍵。

尤其在面試階段，由於雙方沒有共事過，面試官對於求職者的認識是經過包裝後的第一印象。為了避免誤判，公司會要求人選提供推薦人資料，不僅如此，愈來愈多跨國企業採用付費版的職業性向測驗來決定人選在組織中適合扮演的角色。

　　求職者可以預先利用線上的免費版性向測驗來解析自己，朝自身強項規畫在職內的成長目標，並寫進個人履歷中；接著，經由企業提供的付費版性向測驗，檢測出個人特質、能力正好與履歷中的描述一致，並且符合面試官的需求，便能快速獲得重用。

### ▸ DISC

　　DISC 是備受國外企業廣泛應用的人格測驗，分為「支配性」（D）、「影響性」（I）、「穩定性」（S）、「服從性」（C）四型。當企業端面臨難以抉擇最終人選時，DISC 會成為協助評估的重要工具。有關 DISC，網路上有許多相關文章與免費線上測驗，求職者可以善加利用。

　　以下是 X 公司運用 DISC 測驗業務人選的結果分析：

**人選：阿迪（化名）**
**分數：D = 0.23；I = 3.05；S = 0.06；C = - 3.00**
**分析：阿迪是個非常有創造力的人，願意為問題尋找新的解決**

方案。他樂於接受新挑戰，抗壓性高，習慣以快節奏完成目標。阿迪非常有耐心，可以保持冷靜並在高壓環境下做決定。他喜歡扮演和事佬的角色，會協助團隊取得共識。他傾向在個人直覺和客觀事實之中尋求平衡，做出判斷。

這份報告顯示阿迪屬於「影響性」（I）人格，部門主管認為業務或行銷等活潑的工作可以讓他發揮**創造力**的天賦，再加上他有**問題解決能力**與**溝通力**，於是決定賦予他業務部的小主管職務，改變該部門死氣沉沉的風氣。

阿迪從來沒有想過會擔任小主管職務，他一向秉持著「努力就會成功」的阿信思想，獨自奮鬥。但是在職場上，光靠單純努力的信念，就能出人頭地的機會非常渺茫，反而可能淪落為職場中瞎忙的工具人。

其實，阿迪可以更加善用 DISC。

舉例來說，在面試前事先設計一份專案經歷，案子進行的過程中遇到許多衝突與問題，但自己與多方溝通後，順利解決難關並在預定進度內完成任務。當面試官在解讀 DISC 時，看到阿迪的影響性特質呼應了他準備的工作案例，那麼阿迪便可能獲得好的就職機會。正確理解企業端的期待後，阿迪也可以提前規畫如何提升自我能力，例如參加「衝突管理研習營」「邏輯思考創新思維實務班」

等，更有效率地往下一步前進。

### ▶ Talent Q

《Talent Q 性向測驗報告》（*Talent Q Dimensions*）來自光輝國際（Korn Ferry）旗下合益集團（Hay Group）的 Talent Q 全球評估公司，是由英國心理學會與英國特許銀行家協會認證的職業性向測驗，內容涵蓋四個領域：口語能力（elements verbal）、數字分析（numerical）、邏輯測試（logical reasoning）、個性剖析（dimensions），廣受大型國際企業採用，包含渣打銀行（Standard Chartered）、花旗銀行（Citibank）、維珍航空（Virgin Atlantic Airways）、福特汽車公司（Ford Motor Company）、阿斯特捷利康製藥公司（AstraZeneca）等。對組織構造較為複雜的國際企業來說，Talent Q 分析細膩（多達三十五頁），因此被列為重要的評估工具之一。

目前線上尚無中文版的免費測驗，但有英文的測試版本。想到海外或外資公司工作的求職者，不妨參考自己的 Talent Q 分析結果，整合自己的能力。順便一提，Talent Q 中還包含了分析十六種職業性格型態的 MBTI（Myers-Briggs Type Indicator）。

以下是該報告中針對「工作動力與情緒管理」（drive and emotion）的分析結果（1 為最低、10 為最高）：

| 處理壓力時情緒的緊張程度（relax） | | | | | | | | | |
|---|---|---|---|---|---|---|---|---|---|
| 1 | 2 | 3 | 4 | 5 | 6 | 7 | 8 | 9 | 10 |
| 面對問題的樂觀度（resilient） | | | | | | | | | |
| 1 | 2 | 3 | 4 | 5 | 6 | 7 | 8 | 9 | 10 |
| 面對環境改變的接納度（flexible） | | | | | | | | | |
| 1 | 2 | 3 | 4 | 5 | 6 | 7 | 8 | 9 | 10 |
| 工作節奏與果斷判斷力（decisive and action oriented） | | | | | | | | | |
| 1 | 2 | 3 | 4 | 5 | 6 | 7 | 8 | 9 | 10 |
| 工作成就感驅動（achievement oriented） | | | | | | | | | |
| 1 | 2 | 3 | 4 | 5 | 6 | 7 | 8 | 9 | 10 |

表 11　Talent Q ──工作動力與情緒管理（drive and emotion）

詢問一些主管對於這份報告的看法後，他們認為這位人選的工作彈性度高，擁有高度**適應力**與**問題解決能力**，適任主管職。一位新創公司老闆也表示，公司願意將這樣的人才列入領導人培訓名單，培養他在三年內擔任高階職務。

▶ MBTI

日本的就職網站 Rikunabi 也設有 MBTI，協助迷惘的求職者找到適合自己的領域發展。

| ISTJ<br>(檢查員型) | ISFJ<br>(照顧者型) | INFJ<br>(博愛型／作家型) | INTJ<br>(專家型) |
|---|---|---|---|
| ISTPISTP<br>(冒險家型) | ISFP<br>(藝術家型) | INFP<br>(哲學家型) | INTP<br>(學者型) |
| ESTP<br>(挑戰者型) | ESFP<br>(表演者型) | ENFP<br>(記者型) | ENTP<br>(發明家型) |
| ESTJ<br>(大男人型) | ESFJ<br>(主人型) | ENFJ<br>(教育家型) | ENTJ<br>(元帥型) |

（譯自：https://kknews.cc/career/m 26mq 5g.html）

表 12　MBTI —— 16 種職業性格型態

　　例如，ISTJ（檢查員型）的人格特質是細心與精確，換言之是適合駕馭財務部稽核工作的人選。透過 MBTI 可以認識自己，從強項培養興趣，並進而深耕，為自己創造出更多機會。

### 第 4 章速速抓重點

◆ 對內研讀公司內部組織圖，理解卡位方式與升遷機率。

◆ 對外留意競爭對手動向與國際市場需求，檢視自我身價與發展方向。

◆ 善用 SMART 原則＋ How。

◆ 研究目標好手的領英個人檔案，仿效其職涯路徑。

◆ 經營人脈網，能增進各項軟性技能。

◆ 反向運用職業性向測驗，置入個人履歷與面試作答中。

# 轉職順風車

你是愈轉愈順，還是愈轉愈落魄？

2030 轉職地圖：成為未來 10 年不被淘汰的國際人才

# Chapter V

# Chapter V  轉職順風車
—— 你是愈轉愈順，還是愈轉愈落魄？

針對職涯規畫，許多人經常問我：

**「我的下一步該怎麼走？」**

最好的方式，就是參考與你擁有類似經歷的工作者，雖然每人都是不可複製的個體，但觀察他們各階段的職涯史，找出共通點，可以帶給迷惘的你不同的啟發。

本章分為「臺灣篇」「日本篇」「中國篇」「歐洲篇」「轉職・轉型篇」，共十四則故事，可說是全書的精華，每則故事都是我工作上親自經手或私下實際接觸的真實個案（皆經過當事人同意）。

這些主角們，有的在臺灣打拚，努力成為某一領域的全方位人才；有的在海外打拚，歷經許多磨難，終於找出自身優勢與發展方向；有的三、四十歲才開始轉行，依然獲致成功；也有的從創業之

路退場後再度回到公司上班，仍有傑出表現……他們精彩的職涯故事都串起前面章節提到的各項「軟性技能」。

希望大家透過這些案例反思自己的職涯，或許能帶給在職場上碰壁的你一些靈感與方向。

# 朝全方位公關的進化之路

## 前人資菜鳥透過永續經營「人脈網」，33 歲創業成為跨國公關公司 CEO

　　你是否有過這樣的經驗？大學畢業後的第一份工作與原先想像的有落差，甚至愈做愈發現自己不適合這份工作，卻不知該如何轉行？其實，大多數的人在大學期間設定的求職目標並不一定最適合自己。許多人都是透過與第一份工作的磨合才慢慢找出長處，往強項發展；也有人在第一份工作中找到新的路線，選擇在中途下車。

　　我們來看看小夕（化名）的故事——如何從第一份人資工作轉型，一路拚到跨國公關公司 CEO？

### 轉型成功的關鍵
—— 在第 1 份工作中主動讓自己「被看到」

　　小夕畢業於人力資源暨公共關係學系。

　　第一份工作是在某零售集團任職人資，負責人事資料建檔、薪

資處理，以及總務業務。她笑說當時剛畢業的自己是「初生之犢不畏虎」，凡是公司內部需要活動主持人或跨部門協助等額外工作，她總是第一個舉手。

二年後，集團長官正要接手一個新單位，需要具有公關特質與高忠誠度的班底，小夕**自發性**的個人特質，長官一直看在眼裡，二話不說便拉拔她往「公關」領域發展，就此開啟她的公關職涯。回想起這份難得的機緣，小夕感嘆地說，許多新鮮人擁有十分的實力，但由於不擅表現，主管或老闆只看到三、四分，十分可惜。

小夕的第一份公關工作是「商場公關」。由於是新單位，首要任務便是提升商場業績，她也必須承擔部分業績壓力，負責場地租借或燈箱製作。小夕知道菜鳥的自己難以透過陌生開發擴大業務，於是採取二個做法：首先，與集團內部的品牌和客戶混熟，維持友好關係，博取信任感，漸漸的對方便主動為她轉介優質客戶；至於對外，她利用假日不斷進修，透過加倍的時間與心力考取所有人資相關證照，從中擴展**人脈網**，尋找客戶。小夕腳踏實地經營**人脈網**，並摸索出取得訂單的業務能力。

## 思考自己的職涯地圖還缺少了哪一塊？

許多人在某一領域做了一段時間後，都會想到其他公司挑戰自己的能力，小夕也不例外。二十七歲的她，在商場領域打滾二年

多，累積了一定作品與戰力，同時在工作過程中接觸到電視圈的客戶，發現自己對該領域充滿興趣，激發她想做出轉變的動力，於是立刻上求職網站尋找相關職缺。

小夕的第二份公關工作是「電視圈公關」，專為電視節目談置入性行銷。她手上一共有四個節目，必須向廠商提案，再安排至節目腳本。為了從零開始熟悉電視圈生態，她逼迫自己每天看大量同性質、同時段的競爭對手節目，徹底了解節目的運作，找出自己負責的節目的優勢。而且，為了不與前輩負責的廠商名單有所重複，她不斷進行陌生開發。在這份工作崗位上，對外是期待廣告效果盡量顯眼的廠商，對內則是不希望過度張揚廣告的節目製作人，小夕在二者之間尋求平衡，找到雙方都滿意的結果，磨練出**溝通力**與**問題解決能力**。

小夕清楚知道，在注重輩分的電視圈環境經過相當的磨練後，不是成為資深製作人，就是自行創業，或是朝新的領域例如廣告業發展。於是她馬不停蹄上求職網站搜尋「廣告公關」職缺。小夕認為，每一次的轉職都是測試與反思自己市場價值的最好時機，她享受更新履歷與作品集的過程，藉此沉澱下來，重新認識自己。有趣的是，廣告公司收到小夕的履歷時，對她的名字十分熟悉，老闆翻了一下信箱，找到好幾封她曾經陌生開發的郵件。就這樣，她的個人特質與持續努力幫助她踏入廣告圈。

經過前二份公關工作的磨練，小夕已經擁有十足的執行

力。進入廣告公司後，她擔任 3C 線與食品線的「品牌重塑」（Rebranding）重責，繼續苦幹實幹並展現忠誠度，漸漸獲取老闆的信任。老闆開始帶著小夕參與每一場重要會議，包括談合約條件、掌握經營數據等，補足自己所缺乏的**管理力**與**領導力**，為後續的創業之路打下基礎。

## 從海外職涯退場，33 歲創業成為 CEO

在第三份公關工作中，小夕被食品線客戶挖角——一家傳統食品公司邀請她到上海擔任中國區的品牌總監。

第一次到海外工作，小夕奮力達到每季 KPI。任職期間，她調整品牌視覺、擬定策略，拿下重要省區的總代理與其他店代理，穩固了整體營業額，但也因此導致健康失調，於是回到臺灣，邊休息邊接案。

當時的案源全來自在上海所經營的**人脈網**。她掐指一算，案量與收入似乎已經大到可以自行創業，於是與朋友共創跨國公關公司，友人負責中國區，小夕則坐鎮臺灣，主要為臺灣傳統品牌重塑形象與規畫**跨界**合作。

三十三歲即創業的小夕，隨著業績成長，也開始擴編團隊。

經過十多年來的職場磨練，她深刻體悟到，無論時代如何變

遷，**人脈網**絕對是商場的成功之道──每一次的**轉職**，她都與前老闆維持友好關係，到了新公司也堅決不與前東家客戶有所重複，全靠自己陌生開發，避開踩線問題。她知道，客戶的眼睛是雪亮的，離職後立刻與前東家打對臺或挖牆腳，只會有損自己的聲譽。

然而，許多年輕工作者並沒有永續經營**人脈網**的概念。舉例來說，她遇到一些新鮮人敘述離職原因時批評前公司的不是，甚至邊講邊翻白眼；她也遇過某個「勞基法魔人」離職後惡意檢舉公司，秉持「誠信原則」的小夕也在有驚無險之下度過難關。

此外，我想補充許多高層面試官與高階主管經常分享的一個現象：許多已經與公司約好面試時段的求職者，由於已經找到工作，觸犯「面試爽約」的求職大忌。但是你有沒有想過，很可能繞了一圈，還是會遇到「曾經被你放鴿子」的公司或面試官，保持友好關係的「下莊」其實是為未來鋪路的備案之一，也是永續經營**人脈網**的方式。

自開業以來，小夕的公司從未流失客戶，並且全由老客戶轉介優質新客戶的方式穩定獲利，而這些持續合作與轉介正是來自於她永續經營**人脈網**的信念。

在臺灣的小夕深知做公關這一行無論累積了多少客戶與技術，一旦走出國外，一切都使不上力，因此正思索著如何開發自家產品打進國際。同時，她持續進修，增進學歷，為今後擔任企業顧

問一職鋪路。

| 階段 | 行業 | 職務 | 技能 |
|---|---|---|---|
| 本科 | 人資暨公關系學士 | | |
| 本行 | 零售業 | 人資 | |
| [跳板] 內部轉職 | | 商場公關 | 自發性 |
| [跳板] 同行轉職 | 電視媒體業 | 節目公關 | 人脈網 |
| [跳板] 同行轉職 | 廣告業 | 品牌公關 | 自發性 |
| [跳板] 海外轉職 | [中] 食品業 | 品牌公關 | 人脈網 |
| 危機 | 健康失調 | | |
| [跳板] 同行轉型 | 接案 | 公關 | 人脈網 |
| 現任 | 公關公司創業 | CEO | 人脈網、管理力 |

表 13　小夕的職涯路徑

你可以這樣向小夕學習

♦ 在第 1 份工作中展現自發性，被長官放到對的舞臺。

♦ 每 2 到 3 年分析自身領域中的不足之處並積極補足，成為全方位
　人才。

♦ 定期轉換跑道，檢視自我能力。

♦ 永續經營人脈網，能成為每一階段過關斬將的助力。

II 日本篇
STORY 02

背著「床」，用「槌子」敲出日本就職路
—
發揮「社群網站」的力量，
在東京新宿開整骨院的攝影師


〈https://www.facebook.com/ZhengXinChiropractic〉


我們來到日本篇，這是一則曾經徘徊在山手線上，打算結束生命卻浴火重生的真實故事。

故事主角叫作大鑫（廖立鑫），來自臺北，自己經營一間攝影工作室。

沒有大學學歷、對未來迷茫的他，偶然申請到日本打工度假簽證，決定赴日實現攝影師的夢。來到日本後他才發現，不會日文（也不會英文），想在當地闖蕩真是太天真了。漸漸的，花光手頭積蓄，沒錢繳房租，也沒錢吃飯，最後靠著朋友接濟，有一天沒一天地墮落下去……

## 2 個月的泡麵日子與月臺上的回頭

由於長期屬於失意狀態，大鑫的生存意識愈來愈薄弱。他回憶當時說道：

**「墮落的每一天，靠的是朋友跨海寄來的泡麵。當時，我走在山手線月臺的邊緣，想要一躍而下，解決一切，逃避自己淪落到有家歸不得的挫敗感。當電車快速駛進月臺的瞬間，一個聲音對我說：『你的人生就這樣嗎？』」**

其實，他害怕回到臺灣會被譏笑在日本混不下去，於是選擇逃避。當電車迎來的風一掃而過，他瞬間明白自己已經掌握了不是每個人都擁有的打工度假機會，於是冷靜下來，坐在月臺邊。

最後一刻，大鑫將自己比喻為「毛毛蟲」——為了化為蝴蝶，只能不斷往前爬，等待時機成熟結成蛹，並破蛹而出，重獲新生。

## 社群網站的擴散力，帶來生機與名聲

當時，大鑫唯一能做的就是打開臉書，死守在所有社團前面，包括「日本打工度假互助會」「《日本生活工作》經驗分享版」

等，掃著一條又一條徵攝影師的訊息，在所有貼文與留言底下一一回覆，不放過任何一個可能的工作機會。

他看到大阪有攝影需求，為求溫飽，從東京趕到大阪，扣掉車資其實收入不多。或許對其他人來說，這根本是不划算的投資，然而藉由這樣的「掃街式求生」，他陸續接了幾個拍攝案件，熬過挨餓的日子。

在某次拍攝中，廠商邀請的臺灣模特兒腰痛。自家開整骨院，因此有整骨執照的大鑫靈機一動，主動幫模特兒提供整骨服務。後來，模特兒將與大鑫相遇的故事分享到臉書，使他的名聲一夕之間在網路上傳開。

**「有整骨執照的攝影師！？」**

大家陸續詢問，朋友也奔相走告，口碑相傳。

## 靠社群網站找到目標客群

漸漸的，大鑫從自由接案的攝影師搖身一變，換上了護理服成為整骨師。他沒有店面，只有雙手與一支木柄橡膠鎚。他背起整療床，挨家挨戶提供到府整骨服務。

這回，他同樣靠著掃街式求生在臉書的所有社團上尋找工作機

會，除了前述的二大社團，也在「在日工作（定居）臺灣人交流討論版」「日本簽證法務疑難雜症」「東京二手交流館」「在日恁祖媽祖公係臺灣人」等無數社團，主動提供整骨服務。

然而，整骨行情畢竟一次要價 7,000 日圓以上，這樣的價位並不是每位在日的臺灣工作者都負擔得起。意外的是，許多旅居日本的華僑友人紛紛向他伸出援手，由一位客人引薦另一位客人，快速撐起他的整骨生意。當時，大鑫雖然沒有進攻到日本人的圈子，卻透過這些華僑貴人們讓生意愈做愈大。

2017 年 8 月，他在東京開了人生第一家整骨院——正心整骨專門。這是他萬萬沒想過會走的路。開幕當天，我坐在角落觀察：他熱淚盈眶地感謝每個人，而且將手寫的一張張卡片，交給每一位伸手幫助過他的人。

**「如果不是抱著去死的決心，我就不會有重生的機會，感謝大家讓我重生。」**

開幕至今二年多，不僅穩固了回流客，預約時段也都是額滿狀態。

大鑫的故事讓我感觸良多。藉由這個案例，我想提醒有**外語能力**，也有專業技術，卻常常在網路上抱怨人生、抱怨職場的朋友

們，或許你可以選擇一天過一天，或許你也可以重新檢視自己的態度，可能會為人生或工作帶來奇蹟。

| 階段 | 行業 | 職務 | 技能 |
|---|---|---|---|
| 本行 | ［臺］攝影工作室創業 | 攝影師 | |
| ［跳板］海外轉型 | ［日］接案 | 攝影師 | |
| **危機** | **缺乏外語能力與客源，導致經濟困頓** | | |
| ［跳板］異業轉行 | ［日］接案 | 整骨師 | **人脈網** |
| 現任 | ［日］整骨院創業 | 老闆 | **人脈網** |

表 14　大鑫的職涯路徑

**你可以這樣向大鑫學習**

◆ 在社群網站上動用掃街式求生的力量，能為海外職涯帶來意想不到的可能性與終身的貴人。

〈https://www.facebook.com/hydechannel〉

　　張海德，是一位想到日本工作的臺灣男孩，卻在就職過程中四處碰壁。後來他選擇於非洲落腳，最後透過社交人脈網的力量，讓日本企業主動邀請他加入團隊。

## CSR 青年的日本夢

　　海德的故事要從高中時期開始說起。

　　2010 年，鬧得沸沸揚揚的「白海豚事件」[19] 啟發高中生的海

---

[19] 白海豚事件　2010 年，政府擬於彰化縣海岸興建國光石化開發案，然而此計畫將會阻擋白海豚的洄游路線，嚴重危害白海豚生態。為此，保育團體號召民眾參與「全民來認股守護白海豚」的環境行動，搶救只剩不到一百隻的臺灣白海豚。

德關注「社會責任」，並投身於多項活動。他領會到環境改善需要借助龐大的力量來解決，如果可以讓大型企業共同參與，勢必能帶來更大的影響力。他開始深入探討「企業社會責任」（Corporate Social Responsibility, CSR），發現日本是一個實行 CSR 的好模範，因此下定目標，找日本企業作為大學實習的對象。

大學時期的海德，透過日本企業精工愛普生（Seiko Epson）的研習機會，研究 CSR、社會觀感，以及如何顧及當地社區與投資人的關係；舉辦中山大學日語讀書會，促進與日本或其他國家留學生的交流；鑽研農業相關領域，嘗試微型農業創業計畫。

這一連串的行動，加深了海德大學畢業後前往日本發展的決心。他的方向很明確：以產業別為優先，再以職業別為次要考量。

## 以老二哲學，先在非洲卡位

當時，海德赴日的求職過程幾乎花上所有積蓄，投了五十多家履歷，參加了 N 場就業說明會，就是沒有爭取到任何目標企業的工作機會。

最後，他得到一份非洲貿易公司的邀約。

**「非洲？那麼貧困落後的國家……不好吧？」**

周圍的人極力阻止海德。

困惑的他在臉書上與追蹤許久的《自媒體百萬獲利法則》作者許維真（梅塔／Meta）交流。當時，梅塔在日本擔任網路運營經理，熟悉日本當地文化，給了海德直白的建議：

**「如果你的最終目標是在日本生活，那麼現在的你，大學一畢業立刻到日本就職，只會被認為是『次等公民』，你會過得非常不快樂，年薪大概只有 200 萬日圓，而且難以翻身，你確定要過這樣的生活嗎？依照你的專業領域農產來看，我建議你先去非洲一趟，在外地累積實力與名聲後，再到日本工作。」**

海德聽取梅塔的建議，冷靜分析自己的職涯。雖然非洲並非首選志願，他改以「老二哲學」，先從冷門的地方卡位，再找機會進階，目標是三十歲前赴日工作。就這樣，他不顧周圍的反對，前往大家印象中「危險的非洲」發展。

## 從非洲到日本，串聯起獨特的社交人脈網

到了非洲，海德不忘赴日的初衷，努力尋找機會。

他運用社交軟體 Meetup 與 InterNations，主動參與當地國際人士的活動，甚至在酒吧找陌生人攀談。無論是線上還是實體，總

之就是不放過任何社交機會，竭盡所能善用現有管道與資源，建立國際性人脈網。

海德積極的態度受到許多日本企業的關注，並且主動找他洽談：一是在 InterNations 認識的 CSR 相關公司；二是在酒吧認識的貿易公司；三是透過日本佐渡島「誰都可以免費來住的家」活動的朋友所介紹的顧問公司，還因此展開一連串的引薦與認識：

**活動朋友 → 課長 → 部長 → 總經理**

這位朋友在一家日本顧問公司打工，她將海德介紹給公司主管。就這樣，海德一路獲得層層長官的賞識，在非洲的寶貴經歷也備受矚目。該公司正積極拓展海外業務，因此主動挖角海德赴日工作。一個活動的際遇與層層的引薦，讓他完成三十歲前在日本就職的目標。

剛到日本的第一週，海德馬不停蹄地與在非洲相遇的日本朋友們聯繫，主動建立一個日本群組，在群組裡發動週日慢跑活動、平日獵美食活動，迅速將在日本的社交人脈網串聯起來。短短二週內，善用手中的資源，適應了當地的生活。

海德在這間日本顧問公司經手不少 CSR 相關案子，目前與日本總公司董事兼中國分公司 CEO 共同開發以中國為主的海外市場，打拚海外事業版圖。

最後，我們再來拆解海德規畫職涯的每個步驟：

## 第 1 階段【臺灣】

　　1. 從興趣定位（CSR）

　　2. 選定方向（日本就職）

　　3. 失敗（求職碰壁）

## 第 2 階段【非洲】

　　4. 找到備案，準備新旅程（前往非洲）

　　5. 自我成長①（建立人脈網，與日本連線）

　　6. 轉機到來（獲得數家日本企業邀約）

## 第 3 階段【日本】

　　7. 回到初衷，達成目標（30 歲前於日本就職）

　　8. 自我成長②（串聯非洲到日本的人脈網，快速融入日本）

　　9. 職涯進階（與日本董事共同開發海外市場）

## 職涯規畫，要從興趣之中探索

　　我從事招募工作以來，最常聽到大家抱怨目前的工作沒有發展性、對未來迷惘、考慮是否該留職停薪出國進修等等。

最近，我與一位國際教育機構的總監聊上這個話題，他點出許多人過得不快樂是因為找不到工作的熱忱。而熱忱要從何而來？他在國際論壇的發表中指出，為自己的「興趣」而工作，才能找到熱忱。那麼，你的選擇是勇於跨出那一步？還是依然停在原本的位置，怨天尤人呢？這位總監所說的話，對應著海德的案例。

還是學生的你，可以在種種興趣中思考自己的未來與對應的職場。已過了學生時期的你，也可以像海德一樣分析自己的興趣，將冷門與熱門選項放在一起研究，規畫出一條自己的路線。

| 階段 | 行業 | 職務 | 技能 |
|---|---|---|---|
| 在學實習 | ［臺］日資電子業 | 實習生 | |
| 危機 | 海外求職碰壁 | | |
| ［跳板］海外就職 | ［非］貿易公司 | 業務 | |
| 現任 | ［日］顧問公司 | 海外業務 | 人脈網 |

表 15　海德的職涯路徑

你可以這樣向海德學習

◆ 首選志願碰壁，改以老二哲學，從次要選項卡位。

◆ 經營社交人脈網，尋找更好的機會。

◆ 串聯跨國社交人脈網的力量，成為快速融入異國生活的武器。

II 日本篇
STORY 04

## 在對外國人與女性不友善的日本職場中，找出突破口
—
走出職場霸凌的環境，
被新加坡公司重金聘任 CEO 左右手

　　莉奈（化名）畢業於日本某大學心理學暨人類行動學系。

　　原本預計畢業後在日本從事心理諮商的工作，但她發現日本心理諮商的就業環境對外籍人士的採用極度封閉，加上必須考取相關證照才能在當地執業，經過重重考量，莉奈決定轉換跑道。

　　我們來看看莉奈如何走出日本職場霸凌的環境，克服異鄉的重重阻礙，規畫自己的日本職涯。

### 分析國際市場需求，訂定求職目標

　　莉奈分析全球經濟現況，發現愈來愈多大型企業透過 M&A 降低成本，增加國際通路，創造雙贏成效（詳見第二章〈海外職場新趨勢〉），意味著日本國內的國際人才需求提高。

　　她決定善用身為外國人的優勢，鎖定需要擴展海外市場的日本

企業，申請策略管理部或企業財務部相關工作。在團體面試中，莉奈細說對中國市場的看法，分析華人的消費行為，最後被日本前四大飲料公司錄取，而且她是這家公司第一位透過新卒一括採用而錄取的外國新鮮人（2009 年）。

## 日本企業的守舊思維與職場霸凌

莉奈以新人身分進入 M&A 部，裡面的長官與前輩全是業務出身的資深員工，也是該部門初創的元老。

她接手的第一個案子是亞洲某知名品牌的策略聯盟專案。在這個三十人以上的部門裡，只有莉奈擁有雙語的**外語能力**優勢與海外資料調查的能力，但這群前輩卻完全不給新人機會。她每天的工作就是奉茶、影印、處理雜務，前輩們歌頌自己過去的豐功偉業，數落她在工作上毫無貢獻。然而，礙於日本職場有「第一份工作需要做滿三年」的潛規則，她只得繼續忍耐。

在長期職場霸凌的環境下，她從一個滿腔熱血的奮鬥青年，變成混吃等死的喪屍。該部門裡包括她，共有八位同事有憂鬱症的前兆。她從沒想過，一個不健康的就業環境可以讓一個人開始懷疑自己的存在價值。

## 毫無專業技術與突破同溫層的覺悟，只能等著被淘汰

終於熬到第三年，新人擁有輪調部門的機會，莉奈也開始物色新東家。

此時她才驚覺，在原部門並沒有學到專業知識與技術，也沒有實際戰績可以作為跳槽的籌碼。部門裡那群活在二十多年同溫層的資深前輩們，憑著舊式的企業文化保有現任職務。

莉奈認為必須先擁有專業技術，於是主動申請轉調財務部。其實她已有心理準備，新部門的作風應該大同小異，但她為自己設立目標，一年內摸清該部門的作業模式。

到了第五年，由於莉奈的轉職決心與該公司的名氣，成功轉到日本前三大廣告公司策略部。這間廣告公司的企業文化與職場氛圍充滿正能量，提倡員工培養跳出框架的思維，自由發揮創造力，莉奈因此重拾失去的自信心。她受邀出席每場內部會議，其提案皆獲得上司與廠商的認同。

## 海外鍍金，轉戰外資公司

2016 年，日本職場掀起大風吹，政府鼓勵所有企業積極引進海外人才。

在日本生活多年的莉奈其實已經觀察到當地年輕工作者紛紛出

走的動向，身為外國人的她開始反思自己一頭栽進日本，若沒有策略性的職涯規畫，僅止於學到理解日本文化的能力而已，於是決定轉型。

首先，她善用公司內部的留職停薪培訓制度，前往美國遊學半年，目標是提升英文的**外語能力**，再轉戰外資公司。莉奈順利轉進全球最大外資顧問公司後，負責日本本土企業的組織與變革管理、外資電商的轉型戰略，以及透過工業 4.0 優化中小型企業運作並提供危機處理方案等，每天工作到凌晨一點鐘。

算一算時間，莉奈取得永久居留權，並開始計畫經營副業。

## 斜槓經歷，讓履歷更漂亮

在顧問公司每天連續工作十六小時的莉奈，額外花一小時經營網拍和民宿二項副業，創造出一年 3,000 萬日圓的驚人營業額！

以下是她的作息時間表：

AM 09:00-AM 01:00：本業（連續 16 小時）

AM 02:00-AM 03:00：副業（1 小時）

AM 03:00-AM 07:00：睡眠（4 小時）

有定期更新履歷習慣的她，將有數據加持的履歷與斜槓經歷放在領英上。三十五歲那年，一家新加坡公司看重她的斜槓經歷培養出陌生開發能力與強大的業務能力，以重金聘用她擔任 CEO 戰略計畫（Strategic Planning）主管的職務，賦予她重要提案可直接彙報至 CEO 的權力。

　　在日本生活與工作多年，莉奈離開升遷緩慢且不重視女性能力的日本職場，期許在海外贏得國際舞臺並累積實戰經驗，未來以更高職務的身分再度回到日本。

| 階段 | 行業 | 職務 | 技能 |
|---|---|---|---|
| 本科 | [日] 心理系學士 | | |
| 本行 | [日] 飲料公司 | M&A 部 | 國際市場需求 |
| 危機 | 職場霸凌 | | |
| [跳板] 內部轉職 | [日] 飲料公司 | 財務部 | |
| [跳板] 異業轉行 | [日] 廣告公司 | 策略部 | |
| 在職進修 | [美] 遊學 | | |
| [跳板] 異業轉行 | [日] 外資顧問公司 | 資深顧問 | 外語能力 |
| 斜槓 | [日] 網拍＋民宿 | | |
| 現在 | [星] 外資公司 | CEO 戰略計畫主管 | 斜槓經歷、善用領英 |

表 16　莉奈的職涯路徑

你可以這樣向莉奈學習

◆ 勇於脫離日本職場霸凌的環境。

◆ 外語能力、永久居留權、斜槓經歷能加值海外職涯,放手一搏。

◆ 增加國際實戰經驗,挑戰對外國人與女性不友善的日本職場。

## 一位障礙者的蛻變與海外職涯
## 走出親情綑綁的日本大型鐵路集團建築師

月夜（化名）畢業於私立大學中文系，目前在日本大型鐵路集團擔任障礙者建築師。

她是一位天生患有軟骨發育不全症（Achondroplasia）[20] 的女孩。因為這個顯性遺傳病、家人長期的過度保護，以及臺灣環境的限制，她無法像健全者一樣活出自己想要的人生。

### 勇於掙脫家人的束縛

從小，月夜就知道自己的職涯會走得比健全者艱辛。

當高中同學們興高采烈地討論著要選文組或理組時，她想的是如何謀得一份居家工作的機會。另一方面，家人希望她考取公務

---

[20] 軟骨發育不全症（Achondroplasia） 俗稱侏儒症，發生率為數萬分之一，大多為基因突變所致。

員，至少有個餬口的保障，同時可以避免「帶給社會麻煩」。仔細思考後，月夜認為筆譯是她未來能走的路，可以透過接案的方式在家工作，也可以藉由翻譯增廣見聞。她考上某私立大學中文系，並選修日文系的商業學分和翻譯學分。

其實，月夜最想接觸的領域是建築，但礙於障礙者的身分、社會的眼光，以及不得違背父親的指令，一直自我壓抑，活在黑色世界。直到某天，與父親大吵一架，負氣之下帶著她的貓，搬離原生家庭，展開獨立自主的生活。畢業後，她順利從事中日翻譯的接案工作。

## 憂鬱症與轉捩點

大學畢業三年後，一直以來陪伴自己的貓離開人世。

月夜無法承受這樣的噩耗，得到輕度憂鬱症。直到某個場合，她認識了一個組織——社團法人臺北市新活力自立生活協會。這是一個提高身障者生活自主權的團體，裡頭的講師多為重症身障者，甚至帶著呼吸器和貼身助理四處演講。

月夜看到這些重症者比自己更努力地經營人生，開始反思一直以來被灌輸的觀念：身障者不該給社會添麻煩，應屈就於有限資源；做好父母規畫的一切，其他無須額外操心……這些來自父母的疼愛其實是一種變相的限制，使得自己無法追求真正想要的生活。

「如果我的生命只能活到 35 歲，我應該在剩下的日子裡做些有意義的事情。」

## 隻身展開海外生活，掌握職涯規畫的自主權

三十歲那年，月夜開始查詢通用設計（Universal Design）[21] 的資訊，蒐集臺大城鄉所課程，彌補高中時期的建築夢。當時的她並不是為了就業，建築相關工作涉及現場監工等業務，她清楚知道自身條件無法勝任，接觸這個領域只是為了不讓人生留下遺憾。

然而此時她也開始分析國際市場需求，臺灣的居住環境始終無法達到海外照顧身障者的水準，既然都要自我挑戰，應該前往美國或日本，這些國家的身障者居住環境比臺灣更加友善，吸收當地的通用設計，可以讓自己的視野更為廣闊。

對於月夜出國的想法，家人的反對聲音連連，不願給她任何金錢支援。她拿出自己的存款簿，上網搜尋相關資料，因為財力問題，最後選擇去日本就讀二年制的建築系專門學校。她的目標很單純，只是想在有生之年完成一件自己想做的事。

專門學校的同班同學都是高中畢業，平均年齡在二十歲前段，全班三十人中只有五名外國人：二個韓國、二個中國、一個臺

---

[21] 通用設計（Universal Design） 為了消弭特殊族群與一般人之間的隔閡，創造出能夠融入所有使用族群，提供友善利用空間的設計。

灣。二年課程內容如下：

- 1 年級上學期：木造課程
- 1 年級下學期：鋼骨課程
- 2 年級上學期：鋼筋水泥課程
- 2 年級下學期：畢業作品集製作

日本的專門學校學歷在臺灣不被認可，而月夜也僅是享受著學習過程，並沒有奢望留在日本工作。然而在學校老師的鼓勵下，她像其他同學一樣參加建築相關的就業博覽會和說明會，也上網查詢採用身障者的相關職缺——這是她第一次掌握職涯規畫的自主權。

## 在日本職場練就溝通力與合作力

月夜想到，身為身障者，如果能以使用者的角度來參與無障礙空間設計，應該可以讓更多人受益，於是報考了日本某家大型鐵路集團設計部。

面試過程中，月夜以身障使用者的身分，詳述對於該鐵路集團無障礙設施的親身體驗與這十年來的改良觀察，最後提出想為身障使用者規畫設施。

「讓我們一起加油吧！」

面試官的回答讓月夜非常感動。一直以來，她只聽過：「妳要好好加油喔！」這是她第一次聽到對方要與她共同努力，令她備感窩心。這位面試官正是最高決策者，月夜也收到錄取通知。

剛進公司的第一年，月夜跟著前輩進行車站內的窗口修繕，主要工作是把沒有使用的窗口封口。日本的分工細膩，窗口旁的小機器屬於其他部門負責，所以即使是小小的封窗作業也必須跨部門執行。主管與前輩並沒有因為月夜是身障者就給予特別優待，反而嚴格督促每個小細節。由於這個小專案，她學習到前所未有的**溝通力**與**合作力**。

## 把飲酒會與額外業務當作學習機會

說到日本職場文化，不得不提「飲酒會」——一個讓人又愛又恨的聚會。

不參加，就無法得到公司內部情報；參加了，又要擔心荷包縮水。月夜自知條件不如健全者，所以即使行動不便，也積極參與每個聚會。透過出席飲酒會，主動熟悉每位職員在公司裡扮演的角色與負責的業務，描繪公司內部組織圖，並且一一請教同事種種疑問：

「為什麼某些車站的無障礙設施會有資源分配不均的現象？」

「一個車站的人力資源如何分配？」

「如何確保站長們有正確的知識來協助身障者？」

「站長們又希望哪些車站可以增加什麼樣的設施，有助於他們協助這些需要幫助的人？」

除此之外，月夜也把握所有**主動學習**的機會。

某次，分公司正好承辦外國觀光客企畫，鼓勵總公司員工主動參與，並將心得反饋給所屬部門，讓各大部門得到新的啟發。當然，這是額外增加的業務，對總公司員工來說並不是個討喜的專案。但月夜二話不說遞出申請，她**自發性**的工作態度得到主管賞識，第二年起，陸續被指派規模較大的設計任務。

## 強化創造力，以內部升遷為目標

月夜知道自己的職涯規畫不能靠轉職當作跳板，而是必須強化自我能力來達到內部升遷。

為了不讓公司預算綁住建築界的發展（例如某種金額的材料只能做某種等級的設計），她利用週末坐著輪椅四處看展，了解所有材料的可能性，跟上當前的設計潮流。前前後後，她經手了變電所的新設計、舊型無障礙廁所的翻修，甚至向上級提出興建身障者專

屬的化妝檯——日本女廁近年來出現幾個較矮的化妝檯便是來自於月夜的企畫。這些充滿**創造力**的提案都獲得採納並實施，讓她在這份工作中找到前所未有的成就感。

此外，月夜認為前輩的碎唸也是讓自己快速進步的方法之一。當然前提是要靠自己的判斷，分清楚是職場霸凌還是悉心指導。她知道自己行動不便而無法快速取得資源，所以盡可能吸收前輩的指教，並立刻改進。

工作第五年，月夜通過各種績效考核，主管分配她到施工現場做監工，打破了當時所有人對於身障者無法做現場監工的迷思。

## 臺灣教育剝奪個人的發展可能

隻身來到日本的月夜，經常遇到許多不如意的事情，例如在博愛座上裝睡的健全者，但在職場上找到工作的熱忱，讓她持續奮鬥。在日本工作數年後，她運用自學的通用設計，建造屬於自己的家，在活動上更加方便，時間運用上更加充裕。

月夜有感而發地說，臺灣的教育環境無形之中限制了每個人的可能性。

就舉自己的例子，她從小被教育應該配合別人，聽從家人的安排，因為「家人永遠是對的」。如此一來，她沒有機會練習擁有自己的觀點、嘗試想做的事，也因此對人生一度產生失望與絕望。這

樣的現象也發生在健全者的身上，她周遭的許多朋友還是聽從父母的安排，無法為自己做重大決定。

努力為自己勇敢一次，可能會激發出意想不到的可能性。

| 階段 | 行業 | 職務 | 技能 |
|---|---|---|---|
| 本科 | | [臺] 中文系學士 | |
| 本行 | [臺] 接案 | 中日筆譯 | |
| **危機** | | **憂鬱症** | |
| 海外進修 | [日] 專門學校建築系 | | **國際市場需求** |
| [跳板] 異業轉行 | | 設計部基層 | |
| 內部進階 | [日] 鐵路公司 | 設計部監工 | **公司內部組織圖、主動學習** |
| 現任 | | 設計部建築師 | **創造力** |

表 17　月夜的職涯路徑

你可以這樣向月夜學習

◆ 主動參與公司內部活動與額外專案。

◆ 不適合轉職者，必須緊抓內部資源，靠主動學習與創造力達成內部升遷。

◆ 反思是否受到家人的親情綑綁，努力為自己勇敢一次。

STORY 06　32 歲的 Global 500 顧問公司金融 PM


　　我們來到中國篇，這則故事的主角叫作艾倫。

　　從小他就不是個擅長考試的孩子，學校成績不盡理想，經常遭受否定，成長過程充滿挫折，畢業於某私立大學企管系。

　　我們來看看艾倫如何從在學期間就一步步鋪路，最後進攻到「財富世界五百大」（Fortune Global 500）企業的中國分公司，擔任金融程式開發 PM。

## 後段班大學生如何提早布局職涯？

　　大學時期的艾倫深知畢業後因為沒有名校光環的加持，無法搶到好工作，在學期間便積極尋找實習機會，提早為職涯布局。他對亞洲經濟發展深感興趣，尤其是金融業的興衰與 IT 業的變動，於是進入創投公司實習。

實習過程中，艾倫對於近年來中國經濟光速般的成長頗有感觸
——所有鉅額資金的金融與 IT 市場都來自中國（和美國），臺灣
的市場只是冰山一角，於是他下定決心要去中國闖蕩。

## 國外洗學歷與累積實戰經驗

艾倫的朋友建議他出國進修，利用國外學歷讓履歷更漂亮。他
申請留學貸款，選擇到英國就讀一年制的研究所。

準備留學申請的過程中，艾倫得知國外的大學非常重視「個人
自傳」（Personal Statement），會從中判斷學習動機與熱忱。他主動
與多家代辦接觸，深入了解每間學校的型態與文化，將這些學校需
要的學生特質置入於個人自傳中，增加錄取機率。例如，倫敦大學
亞非學院的學校文化是提倡國際化，學生來自亞洲、中東等多國，
艾倫便在自傳中寫下自己的國際觀，強調將來要到亞洲市場發展的
野心。最後，成功申請上該大學的中國國際企管系（International
Management [China]），得到翻身的機會。

英國研究所畢業後，艾倫其實並不打算留在英國，畢竟他的目
標是中國，但他積極參加各種就業博覽會，取得「練習面試」的機
會。他認為，真槍實彈的面試機會，能夠幫助求職者增進溝通力。
最後，他拿到英國新創公司的錄取通知，但依然照著自己的職涯規
畫，選擇回到臺灣為前進中國做準備。

## 前進中國的求職攻略

　　艾倫的目標是進到財富世界五百大企業的中國分公司，然而他深知目前的自己無法進入這樣的位置，於是先鎖定在中國設分公司的臺灣企業，打算將其作為在中國卡位的跳板。

　　他的第一份工作是在某家臺商擔任金融系統的 PM。工作期間，他對內調整**適應力**，以跟上當地的做事風格與工作速度；對外則研究中國市場的競爭力，經營地緣**人脈網**，積極爭取參與中國廠商的合作專案，累積當地客戶群。

## 進入財富世界 500 大的戰略

　　那麼，關於進入財富世界五百大企業，艾倫又是如何執行企畫（action plan）呢？

### 第 1 階段

1. 從 500 間企業中，一一研究該企業的所有業務線與業務內容，例如有的業務內容是系統分析、系統開發，有的職務則是諮詢、商業開發（Business Development, BD)。
2. 挑選與自身專業、興趣（金融或 IT）相關的企業，接著評估自己的能力能否與其匹配，篩選出包括花旗、資誠

（PwC）等 130 家公司。

3. 於中國當地求職網站搜尋這 130 家企業，其中開出職缺者有 30 家。

4. 向 30 家企業投遞履歷與參加面試後，得到 5 家錄取。

5. 從這 5 家中，選出品牌大、資源豐富、專案類型多的全球最大顧問公司。

## 全球最大顧問公司面試應對公開！

以下是艾倫參與這間全球最大顧問公司的面試內容：

### 概念

Q1 請以你先前執行過的項目為例，說明如何規畫系統功能、客戶群、使用者介面（UI）功能，以及流程的主要功能？

A1 首先，我會與客戶進行「需求訪談」，作為前期規畫，來確認客戶需要的核心功能為何。我會引導客戶確認想達成的目標與服務的客群，並適時過濾不必要的需求，或針對有執行因難的需求提出替代方案。

確認完需求後，規畫客戶想在系統 UI 上看到什麼、操作什麼，以及能否達到要求的效果。接著設計業務流程、系統流程、系統接口所提供的參數與客戶能提供的返回參數、產品文件與 UI 初稿，來規畫系統功能。

操作

Q2 以最簡單的登入畫面來說，請問你將系統規格交給開發團隊時，如何規畫功能性內容與非功能性內容，並與團隊溝通，進行開發？

A2 有關功能性內容：① 提供 UI 的展示要素和功能鍵（例如用戶 ID 與密碼欄位，以及確定或取消等按鍵）；② 考慮展示要素應有什麼功用（例如，用戶 ID 欄位是否需要記錄輸入過或登入過的帳號、下回登錄是否只要輸入 ID 就會自動帶出密碼，然而金融業涉及交易業務，所以此功能並不適用）；③ 提出按確定或取消等按鍵後各有什麼情況（例如，取消後無法登入系統、用戶 ID 與密碼欄位內容要清空或保留）；④ 提供不同應用場景的校驗規則（例如，在某種場景中用戶的操作動作未通過

驗證，點選確定登錄系統時會受到限制並提示報錯，同時提供錯誤原因）……這些分析要點都需要寫在系統規格中，提供開發團隊作為系統開發的依據。

至於非功能性需求內容，大部分是客戶對於系統的基礎要求（例如，從登入畫面進到主系統畫面要在多少時間內完成），這些也必須一併寫入系統規格中。

完成系統規格後，與開發團隊開會，在會議中向工程師解釋系統功能，如有無法立即解決的問題，或需要和客戶溝通的部分，則匯整意見後再一併處理。


　　艾倫有一個習慣：凡是參加任何一場面試，都會將考官的問題記錄在筆記中，透過不斷反思與模擬，將各場面試得到的精髓運用在下一場面試中，因而過關斬將。

　　進入全球最大顧問公司後，艾倫在中國區從事金融程式開發 PM 一職。他依然持續學習，下班後報名 PMP®（Project Management Professional；國際專案管理師）課程，考取證照。擁有旺盛野心與行動力的他，下一個目標是擔任主管職。

| 階段 | 行業 | 職務 | 技能 |
|---|---|---|---|
| 本科 | ［臺］私立大學企管系學士 | | |
| 在學實習 | 創投公司 | 實習生 | |
| 海外進修 | ［英］倫敦大學亞非學院企管系碩士 | | |
| ［跳板］本行 | ［中］臺商 | 金融 PM | |
| 現任 | ［中］Global 500 顧問公司 | 金融 PM | **適應力、人脈網** |

表 18　艾倫的職涯路徑

你可以這樣向艾倫學習

♦ 沒有名校光環加持者，在學時藉由實習確立職涯方向；畢業後出國進修。

♦ 分析財富世界 500 大企業的業務內容，對照自身條件，作為第 1 輪篩選；在求職網站上逐一搜尋職缺，作為第 2 輪篩選；針對目標企業的面試問題，結合實際案例與邏輯性敘述來作答。

♦ 整理與反思每場面試問題，運用在下一場面試中。

　　緊接著我們來到歐洲篇。

　　本則故事主角艾琳（化名）畢業於臺灣某大學心理系。她清楚知道自己不喜歡亞洲國家「老闆說了算」「不可以反駁」等權威式工作環境，希望能在歐洲國家工作與生活。

　　我們來看艾琳如何在歐洲過關斬將，從應徵英國百貨公司的打工人員，一路升到瑞典精密塑料採購總監，成為國際面試官。

## 「Nothing to lose!」的精神

　　當時許多國家正推行打工度假制度，但艾琳選擇申請留學貸款，前往英國就讀一年制的企管系碩士。畢業後，她急著想回臺灣賺錢以還學貸，然而外國教授與友人對她說了一句話：

## 「You have nothing to lose!」

這句話，讓她決定在 PSW 簽證（Post-study work visa）[22] 有效期限內留在英國，尋找可能的就職機會。當時的她簡直是蠟燭兩頭燒，一邊背負著經濟壓力，一邊忙著求職。

後來，她參加了哈洛德百貨（Harrods）打工人員面試。

面試分為三關。第一關在一個約可容納五十人的小房間，先由二人一組，彼此自我介紹，結束後在所有人面前介紹自己的夥伴。第二關是考驗為何適任此職務與如何展現自己的特點。針對這關，艾琳在面試官面前分析亞洲人的消費習慣，並強調自己為了還學貸會努力達標，展現「主動性」（Proactive）態度，讓她晉級到最後一關。第三關是角色扮演（role play），她硬著頭皮奮力演出。在九百人申請，僅錄取二位的爭奪戰當中，她取得了哈洛德百貨的打工職務。

四個月後，百貨業迎接淡季，艾琳收到打工聘用的終止通知。

[22] PSW 簽證（Post-study work visa） 自 2008 年 6 月，英國政府曾在 Tier 1 簽證體系下增設 PSW 簽證這項類別，擁有學士以上學位的國際學生都可透過 PSW 簽證，獲得二年留英工作的機會。2012 年 4 月，英國政府嚴控移民，PSW 終結。然而時隔七年後宣布將於 2020 年重新開放。

## 被 260 家英國公司拒絕後，前往瑞典

百貨公司的打工收入，扣除每月學貸與倫敦的生活費支出，所剩無幾，艾琳必須趕緊找到正式工作才能讓生活穩定。她總共投了二百六十家公司履歷，竟然全軍覆沒！

她沮喪地向友人透露回臺的念頭，友人於是將艾琳的困境向其社交圈的人分享，透過人脈網的力量，她得知一個非營利組織（Non-Governmental Organization, NGO）的數學老師職務，也打聽到駐英的瑞典顧問公司開出顧問職缺。

她繼續拿出「Nothing to lose!」的精神，主動致電給瑞典顧問公司。對方表示，英國分公司目前沒有適合她的職務，但瑞典總公司剛接手中國客戶的新專案，如果對於工作地點瑞典無異議，分公司願意協助視訊面試。就這樣，瑞典成為她在海外工作的第一站。

## 硬著頭皮狂出差、做陌生工作，熬過過渡期

艾琳的第一份工作是精益生產（Lean Production）[23] 部的「管理顧問」，負責協助客戶改善營運、節省成本、輔導發展。這對她來說是個艱難的任務，畢竟她只在求學期間於書本上看過精益生產，完全沒有任何實務經驗。

到職的前六個月，她每天工作超過十二小時。白天負責幫主管

分類與規畫三萬筆數據資料；晚上再跟著主管趕飛機，到歐洲鄰近國家開發新客戶，以簡報提案。毫無經驗的她，在客戶面前必須展現自己是該領域的專才，還要假裝原本就是與主管同行的產業分析師，能夠替客戶解決問題。艾琳只能不停複習和模擬開會流程，就怕自己搞砸生意，龐大的工作壓力讓她每晚都無法好好入眠。

其實，艾琳在這份工作中看不到發展性，因為這都不是她想做的事情。她回想起**人脈網**的重要性，於是重新訂定目標：以二年為期限，開拓在瑞典的**人脈網**，同時準備轉職。

## 客製化的個人履歷與面試應對

即使工作焦頭爛額，艾琳還是定期出席業界活動，積極建立**專業人脈網**。在某個交流會中，打聽到某國際包裝大廠的精益生產部釋出「專案統籌」（Project Coordinator）的職缺，負責協調公司內部的系統優化項目，並處理行政事務。

艾琳認為現職的顧問公司雖然可以接觸到多元的客戶，但無法完整參與所有流程，僅屬於階段性任務，因此決定**轉職**，脫離每天出差的工作環境後再做下一步安排。

首先，她動用**專業社交網**，主動寫信給曾有合作關係的客

---

[23] 精益生產（Lean Production）及時製造，排除故障，消除浪費，以零缺陷、零庫存為目標。精益生產綜合大量生產與單件生產的優點，力求在大量生產中實現多品項與高品質產品的低成本生產。

戶，詢問對方能否為她撰寫推薦信。另一方面，她量身訂做個人履歷——針對國際包裝大廠開出的職缺條件，她從顧問公司任職期間經手過的專案中尋找相關經驗，再置入履歷中，最後得到面試機會。面試過程中，考官出了個案研究（case study）的課題，要艾琳提出解決方案，但正如前述，無法參與所有專案流程的她又該如何作答呢？她巧妙運用顧問公司主管的分析，加上自己的見解，再連結至履歷上的經歷，因而博得面試官的青睞，得到專案統籌一職。

到職後，艾琳在一年內積極拜訪所有上下游的合作夥伴，提升專案的溝通效率；協助專案負責人在期限內優化既有的供應鏈，刪去非必要的支出項目，有效降低成本並增加利潤。

後來，公司內部釋出供應鏈部的「PM」職缺，在直屬主管的鼓勵下，艾琳主動申請該職缺，成功升遷到責任更重大的職位，並於隔年還清學貸。

## 面試中透過問對問題，了解企業文化

艾琳一直有定期更新領英個人檔案的習慣。某天收到獵頭的訊息，詢問她是否有興趣加入全球三萬名員工的瑞典精密塑料工業集團，擔任採購部的「管理顧問」，負責審核內部採購流程、提高組織績效、建立最優化的採購模式。

追求專業度高的工作內容與管理職位一直是艾琳的努力目

標。面試過程中，她主動請教面試官十多個問題，得知該公司屬於「分散經營管理（Decentralisation）的組織模式」，也就是所有工作可直接彙報至高層，也可與各國主管溝通，甚至能指謫財務長採購流程缺失之處。艾琳通過面試，擔任採購部的管理顧問經理，同年買了人生第一棟房子，改善海外生活品質。

三年後的 2017 年，集團內部釋出「採購部總監」的職缺，直屬上司鼓勵艾琳挑戰這份高階主管的職務。艾琳也認為，爬到高階主管的位置才有機會參與策略性任務，學習**領導力**與**管理力**。接手該職務後，她帶領四名部門主管與十四位員工，工作重心轉成制定組織策略和參與重大決策。

## 年輕國際面試官重視主動提問與邏輯性作答

我們可以看到，艾琳一路以來從應徵打工到正職，其面試表現都非常傑出。她接手管理職後也扮演起面試官的角色。

許多求職者會仰賴「面試攻略寶典」，但對她來說最重要的是「主動提問」。應徵者應該從與面試官的互動中提出更有深度的問題，在面試階段即確定彼此是未來職場上能夠互相討論或達成共識的夥伴。

以下是令艾琳想翻白眼的面試回答：

Q1 你為什麼想加入這家公司？(Why do you want to join us?)

A1 這是個很好的問題……讓我想想看。

(This is a good question. Let me think about it.)

**(os：你事先都沒想嗎？！)**

Q2 你為什麼想要這個職位？(Why do you want this job?)

A2-1 我工作非常努力，而且能彈性配合公司。

(I am hardworking and very flexible.)

A2-2 我非常適合這份工作，而且這份工作只有我做得到。

(I am perfect for this job and this job only I can do it.)

A2-1 並不是個好回答，正如第三章〈洞察企業風向〉所述，對於企業端來說，求職者最常犯的錯誤就是「我願意學習」「我想來學習」，然而商場即戰場，企業要的是能帶來即戰力與投資利益的戰將。

而 A2-2 的回答雖展現自信，但太過急躁，建議求職者可以針對職務內容，有條理地說明自己擁有 A 技能、B 經歷、C **外語能力**……將自身優勢以列舉的方式呈現，同時凸顯自己擁有**分析思維**，最後再以 A2-2 的答案作結，展現自己是萬中選一的人才。

| 階段 | | 行業 | 職務 | 技能 |
|---|---|---|---|---|
| | 本科 | | [臺] 心理系學士 | |
| | 海外進修 | | [英] 企管系碩士 | |
| | 本行 | [英] 百貨業 | 打工 | **主動性** |
| | **危機** | **打工聘用終止，投遞上百份履歷失敗** | | |
| [跳板] 異業轉行 | | [瑞] 顧問公司 | 精益生產部<br>管理顧問 | 人脈網 |
| | **危機** | **工作沒有發展性** | | |
| [跳板] 同行轉職 | | [瑞] 包裝廠 | 精益生產部<br>專案統籌 | 人脈網 |
| [跳板] 內部轉職 | | | 供應鏈部 PM | |
| [跳板] 同業轉職 | | [瑞] 精密塑料業 | 採購部管理顧問經理 | **善用領英、主動性** |
| | 現任 | | 採購部總監 | |

表 19　艾琳的職涯路徑

你可以這樣向艾琳學習

◆ 面試前針對職缺內容準備客製化履歷；面試中主動出擊與問對
問題。

◆ 爭取內部職缺，不斷往上爬，學習管理力。

正如第二章〈海外職場新趨勢〉所述，許多鎖定在英國求職的臺灣工作者認為自己的競爭優勢是中文，剛到英國馬上可以找到精品業工作，但這類型的工作卻最難取得工作簽證。

這則故事主角小夏（化名），是英國目前唯一一位臺灣籍醫務人員獵頭專家，她如何為自己的英國職涯布局呢？

## 踏入獵頭界，再一步步卡位

小夏畢業於英國國際關係相關科系研究所，她知道如果找畢業科系相關工作，機會肯定渺茫，於是她的第一步是上英國移民局官網，查看當下最需要人才的職缺。

然而這些職缺的門檻很高，比如醫生、護士、高科技技術人員，文科出身的她完全無法申請。她臨機一動：既然無法直接卡進

這些人才缺口高的職缺，那麼應該有需要尋找這些人才的獵頭工作。當時 2011 年，小夏利用 PSW 簽證，採取先不挑工作內容的策略，投了一百封以上的履歷，最後錄取在英國的第一份工作——專門替英國國內亞洲區公司承包人事業務的獵頭公司。

進入獵頭界後，小夏開始經營專業人脈網，與所有客戶、大老闆們保持友好關係，建立自己的「人才地圖」。就在第八個月，她的「線民」問她願不願意到一家專門為英國醫療健保體系 NHS（National Health Service；國民保健署）招募醫療人員的獵頭公司服務；工作內容是替英國醫院招募海外急診醫師與各科門診醫師，並且協助註冊醫學總會（General Medical Council, GMC）[24]、處理搬遷事宜與文件法規；報名資格是需要有招募的工作經驗，並擁有第二或第三語言能力。

小夏為了把握 PSW 簽證期限，立刻加入醫療的獵頭行列。

## 30 歲的亞洲人主管，帶領歐洲人團隊衝業績

加入 NHS 委託的獵頭公司後，毫無醫療相關知識的小夏深怕試用期間被解僱，導致失去簽證必須返回臺灣，因此積極上網熟讀無數醫療相關的職缺內容與英國醫療人員的簽證承辦流程，並考取

---

[24] 醫學總會（General Medical Council, GMC） 英國的收費註冊慈善團體，負責管理英國執業醫生的登記名冊。

當地人資 CIPD（Chartered Institute of Personnel and Development）證照。

由於她的努力，成功招募到大量的印度醫生與菲律賓護士，協助他們申請簽證。雇主看到小夏亮眼的成績後，立刻幫她申辦工作簽證，小夏於是從 PSW 留學生簽證變更為正式的工作簽證。而小夏之所以會被看重，並不在於她的中文能力。許多臺灣工作者經常忽略一件事：英國文化與工作環境讓當地人的工作效率比亞洲國家來得怠慢，所以英國雇主看重的其實是**自發性**與**狼性**的軟性技能。

相較於英國人不愛打陌生開發電話，小夏則藉由狂打陌生開發電話，讓業績超越同事，第二年晉升為部門主管。三十歲的她，管理二個英國人與一個義大利人的團隊，部屬都超過四十歲。在種族歧視甚高的英國，下屬當然不會對一位三十歲的亞洲人主管心服口服，然而小夏積極督促團隊賺錢，在她的**狼性**領導下，年長的團員還落下眼淚。

小夏知道，老闆留她就是要她幫公司賺錢，若業績無法有所突破，工作也會跟著不保，狂衝業績便成為她的唯一目標。

## 利用領英與人脈網來計畫後路
### ──私立醫院招募主管

然而小夏也知道，遲早得脫離被數字追著跑的工作環境。為了

跳槽和加薪，她參考領英上各獵頭好手的職涯路徑，得知轉戰「醫院內部人資」是一條安穩的路，決定設法離開拚業績的獵頭公司。

小夏利用下班時間，研究英國醫療機構缺哪種醫生、醫學院畢業生會往哪種醫療科別發展，透過**持續學習**建立一份大數據報告，也鑽研所有醫學門診的專業英文。同時，不斷與成功介紹來英國工作的醫師、護士們聯繫感情，經營**專業人脈網**，吸收最新的醫界情報。另一方面，小夏也經營起副業──藉由轉介中文保母賺取外快，降低臨時失業的風險。

四年後，她順利從公立醫院的醫務人員仲介端，轉為私人醫院內部的人資招募主管。從專門找印度、菲律賓等成本低的海外醫務人員仲介，變身為挖角英國各科權威醫師的獵頭專家。英國的私人醫院就是醫生到府為你看診，提供高級醫療服務，醫療用品額外計費，一次問診費至少新臺幣 200 萬元起跳。小夏簡直進入一個「有錢判生」的醫療境界。

在私人醫院服務一年半後，由於醫師們的轉介，小夏的名字傳進世界前五大醫院的高層耳裡。三十二歲的她，被挖角到一家正在祕密策畫二年內開幕的超級名醫機構，擔任資深招募經理，掌管所有招募進度，這將會是一家世界富豪專屬的醫療機構。

順便一提，小夏在剛開始就業時，擠在犯罪率最高的窮人區，住在破爛的五人共享公寓。經歷過五次搬家，終於在 2019年，透過貸款在倫敦郊區買下人生第一棟房子，慢慢改善了海外生

活品質。

| 階段 | 行業 | 職務 | 技能 |
|---|---|---|---|
| 本科 | [英] 國際相關科系碩士 | | |
| **危機** | **難以取得英國工作簽證** | | |
| 本行 | [英] 獵頭公司 | 招募專員 | **國際市場需求** |
| [跳板] 同行轉型 | [英] NHS 獵頭公司 | 外籍醫務人員<br>招募主管 | **人脈網、狼性** |
| [跳板] 同行轉型 | [英] 私人醫院 | 英國權威醫師<br>招募主管 | **善用領英、<br>持續學習** |
| 現任 | [英] 名醫機構 | 資深招募經理 | **人脈網** |

表 20　小夏的職涯路徑

你可以這樣向小夏學習

◆ 進不去門檻高的職缺，可先踏入仲介該職缺的獵頭界，再一步步
卡位。

◆ 臺灣工作者在英國職場的優勢：狼性威力與自發性特質。

## 讓每段轉職的歧路都沒有白走
— 生科研究助理轉行金融業的背水一戰

　　最後一站，我們來到最精彩的轉職・轉型篇。

　　本則故事主角小俊（化名），是一位四十歲的中年男子，目前為金融新創顧問公司副總裁（Vice President, VP）。他是我入行時的第一批客人。他的人生轉捩點出現在三十歲那年，而且是用汗水與淚水澆灌出來的。

　　我們先來看看小俊的職涯階梯：

| | |
|---|---|
| 第 1 階段【臺灣】 | 醫院的感染症與癌症研究助理 |
| 第 2 階段【美國】 | 藥廠的慢性病基因試驗研究員 |
| 第 3 階段【臺灣】 | 證券公司的儲備主管 |
| 第 4 階段【香港】 | 證券公司的醫療保健產品分析師 |
| 第 5 階段【臺灣】 | 金融新創顧問公司的副總裁（現職） |

看似跳躍的職涯，其實潛藏著勝出的關鍵。

## 通往美國的求學與就業之路

　　小俊從小就對科學感興趣。高中時曾代表學校參加數學暨自然學科能力競賽，拿到全國第五名。他認為「生物學研究」可以改變世界，所以將大學目標設定在相關科系，以選校不選系的策略進入臺大植物病蟲害系。

　　大學期間，每天接觸有挑戰性的實驗，而且當時還是用肉眼校對資料。小俊回憶起那段時光說道：

　　**「或許是待在實驗室的時間久了，覺得臺灣做實驗的方法很沒效率。在其他國家，機器人只要 15 分鐘就把我 1 年份的事情完成了。既然這樣，如果我未來要在這個領域發展，必須學會用電腦快速分析的方法。那麼，出國進修勢必是必經的職涯歷程。」**

　　小俊分析國際市場需求後理解到，既然自己的職涯規畫必須跟上國際腳步，那麼出國進修勢在必行，取得全世界都認可的學歷才能讓未來職涯保有最大的彈性。

　　接著他開始思考，如何才能進入美國的研究所。畢業並服役後，他鎖定醫院的研究室，最後進到臺大醫院擔任感染症與癌症研

究助理，透過參與生物學研究論文的經歷為自己加分，再以此為跳板，進入美國賓夕法尼亞大學（University of Pennsylvania；簡稱賓大）研究所就讀。

進到賓大研究所後，他又馬不停蹄地思索任用機率最大的職涯路徑。考量自己的科系背景與研究經驗後，決定從耕耘已久的生物學領域下手。研究所畢業後的第一份工作，就是在世界級藥廠負責研究慢性病與糖尿病基因。

## 受限工作簽證，返臺尋找初衷

然而，海外工作相關法規不停更變，藥廠的工作簽證無法及時更新。

等待簽證的同時，小俊的生物學研究成果得到美國某前五大大學的教授關注，並獲邀擔任研究助理一職，附帶工作簽證與優渥待遇。這樣的機運羨煞了同期在找工作的外國人，然而出人意料的是，小俊拒絕這個機會，選擇回臺灣發展，讓周遭朋友與臺灣親友百思不解。

他認為，雖然拿到一張留在美國繼續工作的門票，但畢竟這是一份學術工作，對他而言，在醫藥大廠或私人機構工作才是前往美國留學的目的，於是毅然決然回到臺灣發展。

## 30 歲的背水一戰

—— 每個決定都要重新認識市場

美國的路沒有了，回臺灣能怎麼發展呢？

他與醫藥界、獵頭界人士諮詢後，得知臺灣藥廠相關工作的發展性低，無法運用他的所學與知識讓薪資成長。

他花了三個月仔細研究臺灣的「賺錢產業」，發現最有機會的是金融業與電子業。此時的他已年屆三十，金融與電子更是未曾接觸過的專業領域，進入門檻是一大疑問，更何況根本不會有公司要請一個三十歲的新鮮人，從頭開始教起。

就在他徬徨迷惘的時候，看到金融業相關就業資訊，徵才條件是不問科系的儲備幹部 [25]。他將所有金融相關企業掃過一輪，研讀公司內部組織圖，找出幾家具發展性的公司，雖然錯過其中一些公司的應試日期，但他仍拿起電話主動爭取應試機會。最後，他得到二家企業的錄取通知——證券 A 與銀行 B。

## 業界門外漢的你，要選證券還是銀行？

拿到錄取是件好事，但當你只是個新手，該如何判斷哪家公司好呢？

小俊將二家公司內部組織圖印出來比較，再對應到自己的技能

與優勢。

　　證券 A 的組織架構包含投資、分析師，以及複雜的 M&A 等業務，這些作業流程的前臺、中臺、後臺人員非常重要，也必須具備不同產業的專業知識。相較之下，銀行 B 的組織架構就單純許多，著重在貸款、放款、存錢的業務。小俊的分析如下：如果加入證券公司投資部，**擁有投資領域專業知識後，有機會再度回到生技或醫藥界的財務部擔任操盤手**，將生科與金融二大領域結合。因此他選擇進入證券 A，目標是成為國際證券分析師。

　　接受儲備幹部培訓時，其他人皆擁有財經背景，沒有修過金融學的他，面對新臺幣 5 億元天文數字的操盤作業，無法做出好成績。於是他每天搶坐在第一排，不斷主動提問；下班後又持續進修，每天睡不到幾小時。小俊**主動學習**與**自發性**的態度得到投資部主管欣賞，讓他如願分發至該部門。

　　在證券公司好不容易熬過三年，業界券商陸續向他招手──某家國外龍頭外資證券公司以高薪挖角他，然而他並沒有因此異動。他認為，在臺灣的市場，外資證券公司的經濟規模不比本土證券公司來得強大。打個比方，假設在日本，有本土的野村證券與外資的兆豐銀行，當地人一定會選擇前者。只有跟著當地龍頭走，才有機會做到數字驚人的案子，進而加值個人履歷。

---

[25] 儲備幹部　大企業針對 MBA 畢業者或擁有一至二年工作經驗者所成立的就職培訓活動，培訓期間多為二年，培訓結束後再依據個人成績與表現分發到合適的部門，也有可能不是自己的第一志願部門。

## 結合雙重所學的第 2 次海外啟程

年終績效研討會（股東大會）是所有券商、高階主管、董事都齊聚一堂的年度策略會議。

僅三年經驗的小俊，偶然在會議上聽到一位香港長官發表的簡報：今後將籌畫「醫療與生物保健」的新投資產品，因此需要該領域的分析人才。會議一結束，他馬上查詢那位長官的資料，寄 e-mail 自我推薦。就這樣，他火速離開臺灣，展開了香港職涯。

移居香港後，所有金融法規、牌照、市場都需要重新來過。小俊的生存套路就是加入所有臺商會，建立當地人脈網，用最快的方式理解新市場。他透過臺商會的力量建立起自己的名聲，其表現剛好受到投資人的青睞，最後受邀回到臺灣的金融新創顧問公司擔任副總裁一職，專門輔導上市上櫃公司如何增值股價。

常常有人問我：

**「我想換工作、換產業，有沒有可能性？會不會太慢？」**

為什麼有些人換跑道會成功？有些人卻愈換愈迷失方向？

小俊的故事告訴我們，他能擁有今天的成就，最大主因就是不停分析市場，找出自身優勢。另外提醒各位，每一次的轉換跑道都

必須為自己的職涯加分，尤其是**人脈網**，每個階段的**人脈網**都是下一階段的助力與主力。

| 階段 | 行業 | 職務 | 技能 |
|---|---|---|---|
| 本科 | [臺] 臺大植物病蟲害系學士 | | |
| 本行 | [臺] 臺大醫院 | 研究助理 | **國際市場需求** |
| 海外進修 | [美] 賓大碩士 | | |
| 海外就職 | [美] 藥廠 | 研究員 | |
| 危機 | 受限美國工作簽證而回臺，但發現臺灣藥廠工作沒有發展性 | | |
| [跳板] 異業轉行 | [臺] 券商 | 投資部主管 | **國際市場需求、公司內部組織圖、主動學習、自發性** |
| [跳板] 海外轉職 | [港] 券商 | 生科產品投資分析師 | |
| 現任 | [臺] 金融新創顧問公司 | 副總裁 | **人脈網** |

表 21　小俊的職涯路徑

你可以這樣向小俊學習

◆ 面對失敗，就勇於分析市場需求。

◆ 不知該如何選擇公司，就研讀公司內部組織圖，再對照自身優勢，定位方向。

◆ 人脈網會為每個階段的轉職加分。

## V 轉職・轉型篇
STORY 10

## 40 歲才啟程的海外職涯
—
跨出待了 10 年的舒適圈,
拚到新加坡銀行資深總裁

今年五十歲的小熙（化名）,現任新加坡某外資私人服務銀行 [26] 的資深總裁（Senior President）,她的海外職涯從四十歲才開始。

畢業於國際貿易系的她原本想往行銷界發展,可惜在新鮮人就業博覽會上屢屢碰壁,最後錄取她的是四大會計事務所的人資工作。這個職位,她一做就是十年,負責薪資處理與員工教育訓練。她第一次換公司是進入銀行界,繼續擔任人資一職。

看到這裡,大家或許會心想,小熙的下一步是以資深人資經理、人資長為目標,然而就在第二份工作的第二年,她的職涯出現轉折⋯⋯

## 跨出 10 年人資領域的內部轉職計畫

　　某天，小熙接到組織異動的通知：公司要為新的金融產品成立新業務部，招聘方式除了從內部的原有業務部引進人力或者推薦人才之外，也需要人資部對外招募新血，並協助進行教育訓練。她的腦海裡冒出一個念頭：人資一職並非第一志願，雖說這十年來工作得心應手，但心中仍有遺憾，既然要成立新部門，培訓新人業務，這可能是轉職的機會。

　　小熙開始沙盤推演：首先，若主動申請加入，被回絕的機率很高，原因很簡單，大家會憑第一印象認定：

## 「人資怎麼可能做金融業務？」

　　再來，即使順利轉調至新部門，也可能遭來閒言閒語：

## 「她是不是跟老闆睡過？」

　　小熙的策略是先**主動學習**，將相關教育訓練資料全部備齊並且熟讀，私下請友人教她金融知識。同時，利用需要與業務部主管

---

26 私人服務銀行　專為富有階層提供金融服務，一般至少需要 100 萬美元以上的流動資產才可開戶。

交流的機會，展現她擁有專業知識，再藉適當時機邀約業務部同事下班後聚餐，打進他們的社交圈，建立人脈網。很多人以為只要與「大頭」保持良好關係即可，但其實你以為的「小嘍囉」在職涯規畫上也扮演重要的角色。

等到整個業務部都熟悉她的個性，也取得一定程度的信任後，小熙才主動向業務部主管毛遂自薦，並且成功加入團隊，從業務助理開始做起。

## 金融風暴逼迫中年轉職

在銀行摸索金融商品一年後，小熙決定挑戰更複雜的證券業，加入一家外資券商。

在此跟大家說明一下：銀行的金融商品主要是定存；券商的金融商品牽扯到金額龐大的融資融券、有價證券、股票、衍生性金融商品等等。小熙轉到證券業後，由於商品規模改變，核心客群也跟著不同。

為了獨立開發自己的客戶，她一天打了數百通的陌生開發電話，參加無數場活動，不放過任何拓展人脈網的機會。花了二年的時間，她從零開始扎實地建立起自己的客戶群。

好不容易在證券業扎根的小熙，卻遭逢金融風暴，投資客紛紛逃之夭夭，證券業也大幅裁員。已年屆四十的她，要轉職其實不容

易，但是她腦子一轉：投資客可能會選擇投資保險商品，所以市場趨勢應該是銀行比較有利，於是立刻更新履歷，**轉戰銀行業**。

## 40 歲的第 1 份海外工作挑戰

就在此時，小熙接到一份新加坡外資銀行的工作邀約，KPI 是必須自己開發新客戶，以最低門檻 100 萬美元來成立新戶頭。

雖然接獲工作邀約十分開心，但她也自知以四十歲的年齡，隻身前往沒有任何熟人的異地工作會是一大挑戰。然而她冷靜分析國際市場需求：臺灣的銀行業規模小，證券業又面臨縮編危機，只有往海外發展才能繼續在這個業界生存，於是決定放手一搏。

小熙來到新加坡——一個期待已久的金融大城市。然而，人生地不熟、年輕助理對她愛理不理，再加上必須在職進修考取金融證照，她面臨重重難關與龐大壓力。

她說，在新加坡凡事都要靠自己，或許是因為文化差異，在新加坡感受不到臺灣的人情味，在臺灣習慣的舉手之勞，在新加坡可是一筆算一筆。令她印象最深刻的是，當她請二十五歲的年輕助理處理簡單事務時，對方反而要求用 e-mail 發出需求，留下白紙黑字的證明才肯處理。任何程序的處理，沒有所謂的順便幫忙。

此外，在新加坡從事金融商品買賣需要合法證照，小熙必須在短時間內考取相關證照才能開始營業，而且因為法令不同，考試內

容相當困難。蠟燭兩頭燒的她，上班時努力開發新客戶，下班後進修金融相關課程。

屋漏偏逢連夜雨，她又遇到新的打擊——因為不清楚新加坡的租房條例，遇上詐欺房租的惡房東。在無人協助的情況下，小熙一度壓力大到下班後躲在牆角哭泣。她回想起當時的情況：一個四十歲的大姐在異鄉哭泣是多麼灑狗血的畫面，但是那種無助感直到現在仍舊無法忘懷。

## 靠人脈網借力使力，存活下來

接踵而來的突發事件，讓她警覺到一件事：要在異鄉生存，必須先適應異地文化，並且擁有當地人脈網。小熙立刻上網搜尋所有當地的社交活動、論壇、演講，並積極參與。在新加坡的前二年，她幾乎沒有接觸臺灣人，逼自己完全融入當地的生活。

也因為她的努力，結交到一位二十五歲的金融圈好友。在臺灣，她萬萬沒想過自己會與不同年齡層的人成為要好的朋友。這位年輕朋友不吝與她分享金融考試的筆記，幫助她成功考取證照。

## 海外的嫉妒鬥爭

剛到新加坡的前二年，小熙的主管對她特別照顧。

直到有一天，她發現憑藉自己的實力從零開始建立的客戶群，居然全被主管私吞，主管還找了個正當理由要她另尋出路。她只得摸摸鼻子，默默離開在新加坡的第一份工作。

走投無路的小熙，仍舊告訴自己必須回到初衷：既然選擇出國，就要想辦法活下去。多虧前二年穩定經營當地人脈網，當她的處境為人所知時，馬上收到新的工作邀約，而且是來自一家外資私人服務銀行高薪與高階職位的挖角，於是她坐上資深總裁一職。

在海外的第二份工作，她依然靠著主動參與各式活動，重新培養客戶群。在口耳相傳下，奠定了自己在新加坡的一席之地。

今年已是小熙在新加坡工作的第九年，她的客戶願意將 10 幾億美元交到她手上，讓她一路走來備感欣慰。

## 國際總裁觀點
### ── 不要小看社交人脈網的力量

身為國際總裁等級的小熙頗有感觸地說，臺灣是個很舒適的生活環境，她從來沒想到海外的工作文化可以讓人感到如此挫折；同時也慶幸自己在四十歲那年做了出走的決定，讓她的職涯增添新色彩。海外的即戰力與耐操力，都可以成為在職場上發光的武器。

她強調，不要小看任何活動可以帶來的神奇力量。她其實是個不跳舞的人，卻主動加入新加坡的社交舞社團。當你什麼都沒有的

時候，什麼都參加，就是為自己開闢新路的好方法。

　　國際面試官的小熙在面試新人時，最好奇的是求職者的自我規畫、興趣、社交渠道，因為這代表人選是否擁有**社群媒體行銷、主動學習、溝通力、人脈網、問題解決能力**等多元技能。當公司出現危機，這些技能能夠在資源不足的情況下幫助公司度過難關，這才是老闆最想聘用的人才。

| 階段 | 行業 | 職務 | 技能 |
|---|---|---|---|
| 本科 | [臺] 國貿系學士 | | |
| 本行 | [臺] 會計事務所 | 人資 | |
| [跳板] 同行轉職 | [臺] 銀行 | 人資 | |
| [跳板] 內部轉職 | | 業助、業務 | **主動學習、人脈網** |
| [跳板] 同業轉職 | [臺] 券商 | 業務 | |
| 危機 | 金融風暴 | | |
| [跳板] 海外轉職 | [星] 銀行 | 業務 | **國際市場需求** |
| 危機 | 客戶遭私吞＋被迫請辭 | | |
| 現在 | [星] 私人銀行 | 資深總裁 | **人脈網** |

表 22　小熙的職涯路徑

你可以這樣向小熙學習

◆ 中年轉職，年齡、人脈、資源，都不是最大問題。

◆ 分析國際市場需求，判斷踏上海外求職路的勝算與必要性。

◆ 來到海外，首先必須熟悉地緣，深耕人脈網。

◆ 國際面試官重視求職者的興趣與社交渠道。

## 餐飲業者創業與就職的兩難
—
從創業之路退場後，轉型為
國際飲料公司業務經理

　　如果你從事餐飲業，正在徘徊該選擇創業或者進公司就職，可以參考本則故事主角李強（化名）的案例，描繪出屬於自己的職涯地圖。

　　李強現為國際飲料公司中國區業務經理。他又是如何歷經「就職 → 創業 → 二度就職」的曲折之路呢？

### 心理系畢業生挑戰房仲業務

　　李強畢業於知名大學心理學系，高中時期受到電影《心靈捕手》（*Good Will Hunting*）的啟發，立志朝心理諮商的領域發展。但大三在診所實習時，發現自己雖然喜歡與人聊天，但並不適合諮商這份工作，於是重新將就業目標暫定為需要與「人」互動的銷售業或服務業。

當完兵後二十七歲的李強，選擇進入房仲業，挑戰銷售不動產的工作。每天跟著前輩拿著房屋銷售的看板，在固定的路線站崗，期待買家的出現。與形形色色的客戶洽談的過程中他領悟到，門檻低的業務工作雖然唾手可得，但並非每個人都能做出一番成績。一個能與各種客戶交手的業務，需要具備強烈的個人形象、豐富內涵、充足知識，才能與客戶建立堅固的信賴關係。

## 澳洲打工度假，透過人脈網磨練外語能力

李強在房仲業碰壁後，決定在三十歲前前往澳洲打工度假。出發前，他徹底搜尋資料，為自己設定目標：二年內擁有**外語能力**、培養獨立生活的**適應力**、提升**問題解決能力**，以及打造**人脈網**，期許在打工度假中能有所學，並運用於未來的職場。

同時，他認清打工度假的現實世界裡九成以上是勞動職缺，每天對著牛、羊、農作物，很難練好英文。為了避免虛度時光，他擬定加強英語能力的計畫。首先，他鎖定四個**人脈網**管道：① 活動通國際版的 Meetup、② 領英、③ 臉書社團、④ 當地酒吧；再利用打工空檔或下班時間，參與當地活動，甚至在酒吧主動向當地人搭話，加強英文的口語能力。每天反覆說著自我介紹的破英文，說久了也會變得流利，而且懂得怎麼講重點。

## 創業是種潮流，但你清楚創業的職涯規畫與退場機制嗎？

　　打工度假結束後，二十九歲的李強回到臺灣，與朋友一起創業，合資經營一間西餐廳。

　　李強運用曾任房仲業務的經驗——拿出商圈地圖，騎著機車繞遍鄰近的新大樓、學校、住宅，用色筆做記號，完成店面選擇的評估報告，又做了競爭對手分析報表（competitor analysis）。他還靠谷歌大神自學，親自處理食材、利潤、員工管理、工時調配。在李強的**主動學習**下，十八個月後業績出現正成長。

　　某天，一位跨國集團的人資總經理到店裡用餐，與李強聊到千禧世代的年輕人如何看待職涯規畫。這位總經理經常聽到身邊的親友說，孩子畢業後想開咖啡廳或經營餐飲店，但他擔憂的是，這些年輕人光有一顆熱忱的心，卻沒有給自己一個萬一，比如，咖啡廳風潮退燒後，該如何規畫個人職涯？於是他問李強：

**「那麼你有想好自己的職涯規畫嗎？」**

　　平時與客人應對如流的李強，當下無法回答這個問題。總經理離開後，他沉澱下來，向獵頭友人諮詢經營餐飲店的職涯規畫，得到以下的答案：

**創業當老闆 → 連鎖店擴店 → 賺錢 → 擔任餐飲顧問**

創業第二年的李強認為，如果依照這個模式發展為連鎖店，應該在名氣起飛與單店操作順利後便快速拓展二店，透過二店、三店降低進貨成本與人事成本。然而合資夥伴想暫緩展店計畫，打算花上二、三年，透過一店每月的正盈利，將投入成本全部賺回來後再展二店。

由於展店策略不同，李強決定退出股東，回到職場再次奮鬥。

## 創業失敗，卻被義大利食材商 CEO 親自挖角

確定要退場的李強，與義大利知名橄欖油公司交接時，該公司 CEO 請他分享對義大利橄欖油在亞洲市場的見解。創業初期，李強就自學競爭對手分析，因此整合了亞洲消費者的用餐習慣，解析亞太區食材的選購習性與市場趨勢，提出如何定位行銷。

一週後，這位 CEO 直接聯繫李強，邀請他擔任中國區業務部經理，問他是否有意願擔任首位開拓中國市場的代表。李強納悶地問道：「這份工作需要的條件，我一項都沒有，例如進出口貿易經驗、零售業經驗、中國當地銷售經驗。你為何冒如此大的風險，給我這份工作機會呢？」

這位 CEO 認為，在上次交談中，李強的學習速度快、態度

積極、懂得靈活變通，是變化萬千的市場環境裡的好人才；再加上李強又是使用過該義大利橄欖油的客戶；此外，雙方做生意的過程中，他做事實在，不會抬高報價，也不會拖款，秉持「誠信原則」，是優秀人才的必備條件。義大利總公司願意培養這樣的人才，並全力支持李強在中國區的市場開發企畫。

## 2 年內攻下中國市場

　　剛落腳中國的第一週，李強再次運用擔任房仲業務與餐飲創業初期的精神：用「掃街式拜訪」來熟悉整個市場。他立刻拉著家當到廈門、成都、重慶、昆明等地，在第一季內把所有經銷商都拜訪過一輪。

　　拜訪完後，李強向義大利總公司說明：

　　**「由於中國市場大，『總經銷模式』在中國無法落實管理；再加上華人市場中經常發生 A 錢、吞貨、收回扣等惡習，存在惡意標售的風險，對總公司沒有幫助。」**

　　分析問題後，李強立刻提出改革方案：將中國市場切成三個區域，廢除總經銷，改由公司成立的新團隊面對三區經銷商，進行銷售與管理。

義大利總公司是第一次招聘這個職務,在當地沒有設立專屬辦公室,李強主動向總公司提出每日彙報——詳細記錄與客戶的關鍵對話,以及每日市場的趨勢變化。為了拚出績效,每天早上六點半開始制訂每日彙報的行動計畫,下班時檢視其完成度。

二年內,李強成功布局整個中國市場,對總公司設定的 KPI 也交出漂亮的成績。透過這份工作的挑戰,他從一個外行人,搖身一變成為熟悉零售與食材通路的行家。穩定公司營運後,李強轉往國際知名飲料企業擔任中國區業務部經理,累積同通路的快消品業經驗。

他的下一個里程碑是四十歲以前任職大型食品企業的總經理。

| 階段 | 行業 | 職務 | 技能 |
|---|---|---|---|
| 本科 | [臺] 心理系學士 | | |
| 本行 | [臺] 房仲業 | 業務 | |
| 海外進修 | [澳] 打工度假 | | |
| [跳板] 異業轉行 | [臺] 餐飲業創業 | 共同創辦人 | **主動學習** |
| **危機** | **與合夥人拆夥** | | |
| [跳板] 海外轉職 | [中] 義資食品企業 | 業務部經理 | **主動學習、自發性** |
| 現任 | [中] 國際飲料企業 | 業務部經理 | |

表 23　李強的職涯路徑

你可以這樣向李強學習

♦ 進攻一個新領域，用掃街式拜訪熟悉市場，定位行銷。

♦ 創業要趁早（30 歲以前）；過程中想好退場機制──假設遇到危機，必須退出經營，再度回到職場，如何運用創業經驗當作二度就業的加分強項。

♦ 以轉產品線但不換產業的形式，開拓職涯可能性。

**不斷優化與轉型的創業之路**
—
以心理學為基底,
跨命理領域的 IT 公司共同創辦人

上一篇提到李強從創業之路退場後回到職場打拚的故事,讓我們知道職涯規畫這件事並不僅限於受雇者,創業者也必須時時更新自我能力、跟上市場動向,無論是在職者或是創業者都要做好隨時轉職、轉型的準備。

這篇故事的主角肯特,從 SOHO 族朝創業之路邁進,現為一家 IT 公司共同創辦人,帶領七十名優秀的軟體開發者。一路走來,他都有明確的職涯規畫,讓我們來看看他的創業經歷:

2009 年～2012 年:接案
2013 年:5 人創業
2014 年:7 人(新增工程師)
2015 年:13 人(新增 PM、視覺設計)
2016 年:20 人(新增 App 程式人員)

2017 年：**30 人（新增伺服器維運人員）**

2018 年：**50 人**

2019 年：**70 人（全方位服務人才）**

## 找出自由工作者的生存之道

　　肯特畢業於某大學心理系，在學時他就清楚知道「大學念什麼≠工作做什麼」，心理學的臨床相關工作並不是他想走的路。平時對電腦十分熟稔的他，想透過資工領域謀生，而英國有些資工相關研究所即使非本科畢業也可就讀，於是他前往英國念研究所一年。

　　回臺後，肯特在任職公司行號與自由接案的二種工作型態之間做抉擇，他決定選擇後者，自己創造理想的工作環境。為此，他必須想盡辦法「練功」，直到能夠獨當一面，掌握商場大小事。

　　他加入一群在南部接案的朋友們的工作坊，展開接案生活。這間工作坊包括他一共有五位接案者，彼此獨立，卻又分享經驗與案源，從網站形象設計、前端開發，到資料處理等無所不包。

　　肯特開始盤點自己的現有資源，試圖找出現階段的優勢。首先，南部的市場價格較低，低成本的 SOHO 接案是贏過企業的模式，因此爭取到不少案源。此外，在接案過程中，肯特深刻了解到發案業主與接案製作者之間最重要的是「信任感」。在這個業界，經常由於業主與製作者之間的信任度不足，發生需要由第二位製作

者來當「救火隊」的例子，肯特因此接到不少二次接手的案子。

對於接案者來說，或許沒有贏過企業的光環與資源，能力也可能不是最強的，但你的服務如果能讓客戶「最放心」，就是強大的武器。肯特在與客戶一來一往之中磨練出**溝通力**與**合作力**，也為日後的創業之路打下基底。

## 從 5 人班底到 70 人規模的創業之路

累積了三年多的接案經驗，肯特集聚一群朋友們，包括自己共五人一同創業，打造擁有強大戰鬥力的團隊。

他觀察競爭對手動向，發現大部分企業的經營策略是長期銷售一條產品線的商品，雖然成功降低成本，卻也造成人事異動頻繁。相較於此，肯特認為，愈困難的專案就愈值得投資。即使花費投資成本，也要突破舒適圈去吸收新知識與引進新技術，例如跨領域溝通、提高精準度等，藉此增強自身競爭力，並且達到降低成本的效果。同時，他也為無數臺灣大企業與三大電信龍頭經手許多大專案，藉此累積實力。

自 2013 年創業以來，至今已經擴展到七十人規模的公司。肯特有感而發地說，這些年來，他面試了上百名從大學剛畢業到近五十歲的求職者，很可惜的是，這些人選的技能太過單向，以致於無法為**轉職**加分，甚至不少人對於職場有許多錯誤期待，以下是他

經常遇到的面試狀況：

> Q 你的期望待遇是多少？
> A 因為我換了工作，所以我希望加薪。

　　許多求職者只想透過單純的跳槽爭取加薪，卻沒有意識到自身能力與價值能否同步提升薪資水準。

　　肯特打造出一個 free style 的工作環境，給予員工許多自由與福利，而要得到自由就必須付出相應的努力——具備多項技能與自發性特質，然而這樣的人才在目前的市場上非常的少，以肯特的經驗來說，一百個畢業生中只有約二人適合這樣的工作環境。

　　像肯特這樣的新創公司正在積極擴大版圖，也期待團隊成員擁有多項技能以挑戰新事物，不僅能增強在職者自身的競爭力，同時也會反映在加薪與升遷上，這點呼應了第三章〈洞察企業風向〉CASE 04 的用人策略。

## 跨出領域
—— IT 結合命理

　　創業以來，肯特為公司設立短中長期的目標，例如優化維運環境、累積員工的專業技術以醞釀新專案的開發等。身為老闆的他，

其工作使命就是讓公司賺錢，然後分潤給員工。為了擴大業績，正籌備開發自家產品，在軟體界中尋找優勢。

偶然之下，肯特踏入命理領域，跟著一位客戶學習紫微斗數。他發現到，算命師必須經由個人經驗與溝通話術向命主解釋並預測「抽象性」的事物（例如感情），也因此經常產生解讀落差。然而紫微斗數的原理並非如此，它是一套擁有大量計算參數的數學系統，預測二件事的緊密程度。

學習紫微斗數的體驗，不僅擴大**社交人脈網**，更帶給肯特工作上的新靈感與**創造力**——他想開發一套不同於傳統命理的軟體，藉由紫微斗數的機制，針對「明確性」的事物做預測，成為使用者的生活小助理。舉例來說，當使用者要做一項決定時，該軟體會根據其交友圈提示有助益的人士，或者預測結果好壞的機率，以協助使用者做出正確判斷，排除錯誤幻想。

另外有關命理，一位跨國人資總監也曾經跟我提過，臺灣對於命理十分瘋迷，心理師結合命理這樣的跨界組合，也可能創造藍海市場。

## 海外職涯的迷思

提到往海外發展一事，肯特認為不見得要在國外設立公司，臺灣軟體界作為生產基地，製作品質與人才非常優秀，若爭取到參與

國際大型專案，產品與價格會更具競爭力。

他也指出，擁有世界各國的經歷的確可以發現人生有許多可能性，然而，出國真的是必要條件嗎？到海外工作才能有好的發展嗎？其實並不必然。當然，排除賺取匯差的經濟目的，或者想在海外定居，假設工作者赴海外發展僅是適應其他國家「僵化」的文化，那麼去到別的國家或者回到臺灣，能否通用呢？肯特的這番話對應了 STORY 04 的莉奈在飲料公司的經歷，因此莉奈選擇轉職。又例如許多人去海外打工度假存到一筆錢，那麼回到臺灣後，又要如何運用這筆固定資產來擁有更好的發展？更直白地說，僅是把「時間」投注在海外，並不具備真正的國際觀。

肯特認為，求職一事沒有「天花板」，觀察臺灣市場或者放眼全球市場的需求，讓自己成為不被淘汰的人才，才叫作真正的國際觀。舉例來說，在現今的職場，並非叫得出頭銜的才稱得上是一項工作，當你能夠把一件事做到盡善盡美，代表你可以勝任任何的工作，而不會被「○○系畢業就做○○工作」的思維框住。

從心理學踏入 IT 業，再拓展至命理領域，肯特持續探尋工作與人生的下一個可能性。

| 階段 | 行業 | 職務 | 技能 |
|---|---|---|---|
| 本科 | [臺] 心理系學士 | | |
| 海外進修 | [英] 資工領域碩士 | | |
| 本行 | [臺] 接案 | 工程師 | |
| 現任 | [臺] IT 公司創業 | 共同創辦人 | **溝通力、合作力、人脈網、競爭對手動向** |
| 內部轉型 | | IT 結合命理 | **人脈網、創造力** |

表 24　肯特的職涯路徑

你可以這樣向肯特學習

◆ 接案者透過磨練溝通力與合作力，取得業主的信任，累積客源與實力。

◆ 新創公司藉由累積大專案的經驗，增加與大企業匹敵的競爭力。

◆ 額外的學習，能為工作帶來新靈感。

◆ 真正的國際觀是隨時觀察市場動向，不被現有職業侷限。

## V 轉職・轉型篇
### STORY 13

## 非理科背景的工作者，也能卡進 AI 職缺
—
從電視主播一路跨界的 33 歲自動化主管

　　微程式資訊（Microprogram）的薛技術長跟我說，AI 科技將改變這個世界，數據科學將改變傳統思維，如今數據分析師、AI 工程師已成顯學。

　　未來十年，AI 相關工作成為主流，然而這讓非理科出身的人感到望塵莫及，沒有理科背景卻要轉換到 AI 領域的確非常困難。但大家有沒有想過，在市場需求大的壓力下，雇主面臨人才短缺的困境，也會採取應變對策，選用非相關背景但有可塑性的人才。

　　日本許多企業便打破傳統，錄用文科畢業、沒有理工背景的人選，透過教育訓練與線上課程開發 AI 領域人才。為什麼？第一，理科人才不足；第二，純理科人才不見得懂得結合專業技術和社交能力去第一線與客戶溝通、銷售。

　　本篇故事主角烏咪（化名）便從新聞工作者、公關行銷，一路跨界進入 AI 供應鏈領域。

## 新聞業者的轉行
—— 公關與物流之路

　　烏咪在新聞圈待了近七年的時間。

　　從第一線的記者到螢光幕前的主播，乍看光鮮亮麗、工作平順，然而隨著新媒體的崛起、觀眾喜好的改變，媒體環境產生劇烈變動，例如，被迫要求取得無意義獨家新聞的高壓力與高工時，讓許多有志耕耘優質新聞與深度報導專題的資深記者紛紛出走。

　　電視臺為了掌握穩定人力在前線採訪，捨棄二十年前的高度選才標準[27]，開始錄取大量畢業自各科系、嚮往電視臺與新聞圈的社會新鮮人，造就近十年來臺灣媒體環境陷入「劣幣逐良幣」的惡性循環。

　　為了擁有長期發展的職涯生活，烏咪決定轉行。

　　一般新聞媒體界背景出身的朋友，由於人脈廣闊，又與媒體關係良好，許多人會轉到公關公司或進入企業內的公關部。烏咪先在朋友開設的公關公司磨練一年，從提企畫到執行活動，參與二項大型國際時尚品牌專案。在受訪者的引薦下加入臺灣一家中資五星級飯店，擔任公關，負責飯店的形象包裝與數位媒體的操作。

　　在飯店工作期間，烏咪發現傳統企業主對於行銷的認知與觀念仍停留在本位主義。幾經思考，她決定重新歸零，以海外工作為目標，投遞大量履歷。因緣際會下，加入了位於中國的大型國際臺資

科技企業新創的電商物流部，負責舉辦招商活動與規畫行銷策略。她運用電視圈與公關公司的經驗，從企畫提案、活動執行，到主持工作都讓當地客戶和主管眼睛一亮。

然而一年之後，烏咪意識到自己並沒有成長，仍舊做著原本就熟悉的領域。她發現公司的物流主業才是可以長久耕耘的領域，值得深究並投入。中國的工作速度是臺灣的好幾倍，為了跟上市場脈動，了解物流業，烏咪**主動學習**該領域知識，利用下班和週末詢問當地前輩產業的最新概況，研讀物流書籍與商學院大部頭課本，等待機會來臨。

沒多久後，電商物流部承接一項中國到印度的跨境物流專案，烏咪積極爭取，擔任接洽客戶與印度線的 PM 一職。對印度市場一竅不通的她，每天工作之餘大量研讀印度電商和物流資訊，與印度人開會時甚至將內容全部錄下，午休時戴著耳機反覆聆聽以熟悉印度腔英文。

## 10 分鐘「咖啡會面」，想盡辦法留下

好景不常，就在烏咪對物流 PM 一職逐漸上手後，總公司突然頒發人事異動命令，解散整個電商物流部。

---

[27] 相貌、文字與口語表達能力、聲音悅耳度、專業科系背景等。

面臨部門解體危機，烏咪剩下二個選項——打道回府或者轉調部門。以臺灣公司的選才觀念來說，短短一年半的海外職涯，無法為她的履歷加分；相反的，在中國的就業市場，雇主比較不介意短期的轉職次數，於是烏咪決定留在公司繼續努力。

　　她主動邀約其他部門的同事吃飯，蒐集各部門的最新情報，釋出自己有意轉調的訊息。一位同事建議，自動化部有一份職缺或許適合她，她立刻拜託同事牽線，並轉交電子履歷給該部門負責人，希望爭取面試機會。

　　雖然同事幫忙轉交履歷，不過自動化部負責人高居創新研發總監位置，日理萬機。烏咪向同事確認總監的行程，得知總監某天出差時間延後，立刻請同事協助邀約十分鐘的咖啡會面。烏咪預設總監沒有時間詳讀電子履歷，但公務之餘喝杯茶喘口氣時一定有時間翻閱，所以印了二份紙本履歷，當天會面立刻遞交。

　　十分鐘的咖啡會面中，烏咪做了簡短的自我介紹。這位總監直白地告訴她：這個部門的所有同仁都具有自動化的背景，他們所欠缺的人才是一位「先行者」，必須理解 AI 供應鏈知識並推廣宣傳，進而帶動後端業務接洽。這樣的工作，其實以烏咪過去的工作背景而言並不難，困難的是 AI 物流領域的博大精深與日新月異。

　　對於完全沒有自動化領域專業與經驗的烏咪，總監當然有所疑慮，當場開出一項功課：一週後提交一份形式不拘的 AI 供應鏈報告，後續必須做正式的口頭簡報。

## 用面試官的邏輯，制定自己的面試策略

　　許多人在不認識面試官的情況下，會利用領英揣測，例如面試官的轉職次數是屬於安定型或是挑戰型。但烏咪選擇向公司所有同事打聽總監的背景與做事風格。這位總監六十歲，從業務轉換跑道成為採購，非常好學，屬於學習型的領導者。

　　烏咪開始擬定策略，將簡報內容以淺顯易懂的方式呈現，並增加讓初學者想深入學習的層次感。她利用先前累積的傳統物流知識與擔任跨境物流 PM 角色的實務經驗，加上大量閱讀最新 AI 物流資訊，做出二十頁的報告，再特地運用一年前於美國 Amazon 總公司無人商店 Amazon GO 時體驗智能終端消費的影片，剪輯成報告內容的一部分。

　　一星期後，烏咪向總監進行正式簡報。

　　她捨棄所有難懂的 AI 物流術語，強調自己如何在短時間內吸收新領域知識，有邏輯地闡述自己的理解，並運用過去能言善道的主播功力凸顯自信，最後以行銷經驗分析市場，提出對自動化部 AI 產品的建議。簡報結束後，烏咪另外分享自己一路走來的自修歷程，讓總監想起過去轉換跑道的自己，因此認定她有潛力，破例錄取完全沒有自動化背景的烏咪。

　　成功轉調新部門後的三個月，烏咪發揮**持續學習**的能力，對所有事物充滿好奇，大量閱讀產業資訊，不停找人發問，加上學習速

度快，總監陸續將大型推廣專案交給她規畫與執行。目前三十三歲的她，已經帶領一個團隊，管理二位下屬，開啟她的領導者職涯。

## 職場上的被動者，只會不斷錯失機會

值得一提的是，烏咪的原部門同事，由於沒有積極尋找後路，紛紛打包回臺，失去留在海外卡位的機會。

烏咪的案例破除了非 AI 出身的人才無法進入 AI 領域的迷思。當就業市場無法供給龐大的人力時，企業只能退而求其次，栽培內部有潛力的人選。這時，學習能力與學習態度便決定能否成為培育對象的首要條件。

烏咪成功的主因就是「always be ready」的心態。例如：她預設面試官可能沒空看電子履歷，主動提供紙本履歷；每年檢視自己是否有所成長，若沒有便積極鎖定有發展性的新領域額外學習……以上都反映出企業注重**問題解決能力**、在職場上不斷求新知的**持續學習**技能。

建議各位工作者每天都要抱持「機會隨時來臨」的態度，以「open minded」的思維做好隨時換工作的準備。

| 階段 | | 行業 | 職務 | 技能 |
|---|---|---|---|---|
| | 本行 | [臺] 電視圈 | 主播 | |
| 危機 | | | 電視媒體業式微 | |
| [跳板] 異業轉行 | | [臺] 公關公司 | 公關 | |
| [跳板] 同行轉職 | | [臺] 飯店業 | 公關 | 人脈網 |
| [跳板] 同行轉職 | | [中] 臺資科技業 | 電商物流部公關 | 人脈網 |
| [跳板] 內部轉型 | | | 電商物流部 PM | 主動學習 |
| 危機 | | | 電商物流部裁撤 | |
| [跳板] 內部轉職 | | ① 內部打聽自動化部有徵才需求 | | 人脈網 |
| | | | 投遞履歷但石沉大海 | |
| | | ② 用「10 分鐘咖啡會面」打動總監 | | 人脈網 |
| | | | 總監開出功課 | |
| | | ③ 內部打聽總監背景，運用過去相關資料，製作面試簡報 | | 問題解決能力、創造力 |
| 現在 | | [中] 臺資科技業 | 自動化部主管 | 持續學習 |

表 25　烏咪的職涯路徑

你可以這樣向烏咪學習

◆ 非理科畢業者，在理科人才稀缺之下，也可能卡進 AI 領域相關職缺。

◆ 分析面試官的背景與經歷，擬定面試策略；面試中強調學習態度，展現可塑性。

V 轉職・轉型篇

STORY 14

## 冷門志向也可能成為人生轉捩點
—
運用共同通路經驗，從快消轉金融的
28 歲業務經理

　　小妮（化名）畢業於臺大人類學系，在學期間一直對中東國家
抱持好奇心，立志畢業後從事相關工作。當時正好有土耳其交換留
學的機會，小妮認為土耳其位於歐亞大陸交界，是鄰近歐洲與亞洲
的強權國家，能夠前往土耳其交換留學是個不可多得的好機會，也
可以藉此測試中東職涯發展的可行性。

　　「女生去土耳其很危險！」

　　身旁的人都勸告小妮不要拿生命開玩笑。她冷靜分析，學校有
完整的交換留學生制度，應該把握可以親身體驗的機會，因此不顧
旁人反對，踏上這段留學旅程⋯⋯

## 在土耳其看見意想不到的發展性

在土耳其留學的第一年，小妮學習語言與體驗當地文化。她意外發現：土耳其的橄欖油、果乾、堅果類等貿易商品其實牽動著亞洲龐大的商機，當地公司相當重視亞洲市場；近年來亞洲跨國企業紛紛在土耳其設立據點，當地市場也十分看重華語人才。

小妮找到二份實習工作。她也發現與自己背景相似的求職者少，土耳其的生活經驗可能是她的優勢，因此決定回到同行競爭者少的臺灣，鎖定中東或伊斯蘭地區的貿易工作。

然而，臺灣職場普遍仍有高學歷的迷思，小妮赴英語系國家進修，考取倫敦大學土耳其系研究所，藉由海外學歷加持自身價值，同時增強土耳其文與英文雙語的**外語能力**。

## 從快消品業到金融科技業

研究所畢業後，小妮回到臺灣求職，快消品業的國際飲料公司看重她理解中東與穆斯林市場，聘請她擔任業務助理。

擔任業助期間，小妮負責 60% 以穆斯林為主的東南亞市場。她運用土耳其的生活經歷與對穆斯林消費行為的理解，提供多樣且**創新**的策略性建議，協助公司提升在此區的市占率，展現亮眼的成績。三年後，順利晉升為業務發展經理（Business Development

Manager)。

現年才二十八歲的小妮,就在前陣子被美國知名金融科技公司人資挖角,受邀擔任臺灣區業務經理。這家公司認為:她的快消品業通路經驗能協助公司打通快消市場;而其東南亞與中東市場的經驗能針對公司鎖定的重點國家擴大經營,未來以外派的方式往海外發展。小妮也認為,不該將自己侷限於快消品業,因此這個轉職機會不但符合她的未來規畫,也可延續上一份工作的經驗,替職涯增添可能性。

| 階段 | 行業 | 職務 | 技能 |
|---|---|---|---|
| 本科 | [臺] 臺大人類學系學士 | | |
| 海外進修 | [土] 交換留學、實習 | | |
| | [英] 倫敦大學土耳其系碩士 | | |
| 本行 | [臺] 快消品業 | 中東市場業助 | **國際市場需求、外語能力** |
| [跳板] 內部進階 | | 中東市場業務發展經理 | **創造力** |
| 現任 | [臺] 金融科技業 | 臺灣區業務經理 | |

表 26 小妮的職涯路徑

你可以這樣向小妮學習

◆ 冷門國家的留學經歷、外語能力,以及業務開發經驗能成為職場武器。

第 6 章

**求職與轉職渠道**
如何讓自己隨時處於最佳備戰狀態？

# Chapter VI

# Chapter VI　求職與轉職渠道
## ── 如何讓自己隨時處於最佳備戰狀態？

你是否聽到身邊朋友換了不錯的工作，而且還是資方主動挖角，然後默默羨慕起他人的發展呢？

**「到底他們是怎麼找到新工作的？」**
**「那我要怎樣才知道這些工作機會？我每天下班都好晚，沒辦法隨時上網關注，但再不換就真的沒前途了……」**

三十歲到四十歲進入工作穩定期，是職涯進階的最佳時機；過了四十歲要轉換跑道非常困難。因此，當你發現目前的就職環境無法助你一臂之力，或者當你開始抱怨老闆的時候，就該為自己安排下一步了。

本章提到的重點有：第一，隨時更新履歷，好讓自己維持可迎接新挑戰的最佳狀態；第二，善用求職平台、職場情報交流平台、

特定社群蒐集資訊，同時增加自我曝光度。

## 隨時更新履歷，做好轉職準備

我在整理面試反饋的時候，來自不同國籍的跨國總監（Global Head）紛紛提到，臺灣工作者比較安於現狀，選擇離開一家公司的主要因素多半是薪水不夠養家、小團體裡發生不愉快的摩擦，但只要沒有遇上什麼大問題，基本上不會主動思考離職或轉職。畢竟待慣了舒適圈，並不會特別想要異動，就連家人也會說：

**「沒事幹麼把自己弄得那麼累？」**

因此在臺灣，大多數的工作者都是在轉職潮來臨前才開始更新履歷。

但你知道嗎？在我過去經手的跨國招募案子裡，當我主動聯繫東南亞國家、中國，以及印度的候選人，他們可以在一天之內遞出最新履歷。這些海外人選非常珍惜任何的發展機會，也害怕突如其來的裁員讓他們措手不及，所以經常更新履歷，做好隨時都可轉職的準備。

在這個沒有一定遊戲規則的就職市場裡，除了隨時更新履歷之外，也必須讓獵頭「看見自己」，正如〈前言〉提到，藉由獵頭

的力量可以打造個人職涯。我身邊的幾位黃金候選人從未主動找工作，但總是有好的工作機會主動找上他們。這群黃金候選人的習慣就是，不管是否有轉職意願，都會與獵頭保持聯絡，告知自己最新的就業狀況。

## 做滿○年的迷思＝機會流失的開始

「可是我要做滿 3 年才可以換工作耶！」

「為什麼呢？」

「因為大家都說做滿 3 年很重要……」

日本知名的終身僱用文化依舊留在多數傳統企業中。其實不只日本，大多數的臺灣工作者也都抱著轉職次數太多不好，或者必須做滿○年再轉職的想法。

是的，做滿一定年數，代表你在崗位上累積了相應的經驗，面試官也會認為求職者若沒有二到三年的磨練，無法為公司帶來貢獻。然而，機會不見得在你完全準備好的時候來。經常發生的情況是：待滿三年後決定要認真考慮轉換跑道時，卻沒有合適的機會；企業端寧可選擇訓練新人，勝過教導一個沒有業界經驗的轉職者。站在人資的角度，做滿三年的確可以讓面試官對你留下好印象，但在這三年，你必須同步準備，伺機而動。

## CASE 12　錯失轉職成長機會的前傳產日企 A 先生

　　同業的流動圈其實很小，繞了一圈，換了幾次工作，終究會遇到曾經共事的同事們。

　　A 先生是一個真實案例。他從傳產日本企業轉到傳產外資公司，遇到曾在日企同期共事，但比自己提早進入外資公司的 B 先生。二人在日企時期都是同梯，相隔三年再度共事，然而 A 先生卻完全跟不上對方的腳步，戰鬥力落後於擁有滿滿戰績的 B 先生，甚至覺得自己宛如來到異世界，最後無法適應而離職。

　　A 先生一直認為，只要堅守職位，跟著前輩做事就可以學到很多，但也因為習慣了籠子裡的舒適與速度，完全沒有警覺到自己在不知不覺中落後於人。日本企業現在面臨的挑戰就是雖有完整的培訓系統，但升遷和加薪太過緩慢。在這樣謹慎的企業文化裡，一步一腳印爬上金字塔，能培育出中規中矩的乖寶寶，但卻忽略了市場的變化已經超乎想像。

　　反觀外資公司不限年齡，只要願意表現的有潛力者也可能在三十五歲當上 CEO 或跨國總監。某些外資銀行每年會固定裁員 10%，替換新血是很頻繁的事，若無法持續精進，隨時都會面臨被淘汰的危機。

**轉職頻率的疑惑**
──從資訊管理師到行銷

　　有人不停嘗試轉職也不斷嘗到失敗，有人靠著轉職讓自己的職涯發展更上一層樓。基本上，人資不建議求職者在短期內不停換工作，不過也有不少例外，以下是 G 哥的履歷：

| 職稱 | 產業 | 日期 | 期間 |
|---|---|---|---|
| 行銷專案主任 | 全臺第一家上市上櫃文創業──大霹靂國際整合行銷股份有限公司 | 2019/ 04～迄今 | － |
| 行銷總監兼 CEO 特助 | 餐飲業 | 2016/ 10～2018/ 11 | 2 年 |
| 行銷企畫經理 | 臺灣 10 大電腦業 | 2011/ 03～2016/ 10 | 5 年 |
| 企畫部副理 | 臺灣 5 大廣告業 | 2007/ 12～2009/ 12 | 2 年 |
| 行銷企畫處行銷副理 | 科技業 | 2006/ 11～2007/ 04 | 6 個月 |
| 行銷部襄理 | 臺灣 10 大零售業 | 2006/ 03～2006/ 10 | 6 個月 |
| 電子商務產品經理 | 臺灣 10 大科技業 | 2005/ 09～2006/ 03 | 1 年 |
| 行銷部主任 | 媒體業 | 2004/ 06～2005/ 07 | 1 年 |
| 資訊部經理 | 金融業 | 2002/ 03～2003/ 02 | 1 年 |
| 資訊部副理 | 航空業 | 2000/ 02～2002/ 03 | 2 年 |
| 資訊管理師 | 會計業 | 1995/ 08～1999/ 03 | 4 年 |

表 27　G 哥的履歷

G 哥從第一份工作「資訊管理師」努力轉型成為「行銷」領域的專才。

其實，在第一份工作中他一直無法找到自己的興趣和熱忱，當時以為是產業的問題，於是嘗試轉換產業，在短時間內累積了會計、航空、金融等業界的 IT 經驗。這些轉職經驗讓他發現：自己雖能駕馭 IT 工作，卻無法從中找到快樂，無論是哪種產業的 IT 工作都愈做愈乏味，反倒是從事 IT 工作時需要與使用者溝通，從中能獲得成就感，於是他下定決心往行銷領域轉換跑道。

2004 年開始，G 哥透過接案踏入行銷圈，四處摸索行銷的工作模式和產業類別。三年後，累積了媒體、科技、零售業等行銷經驗，接著轉進廣告公司。廣告業的客源涉獵範圍廣，該廣告公司的客戶又全是知名企業，他把握這段期間累積大型案件的經驗，例如通路商的大型曝光行銷活動、賣場陳列布置、授權議價談判、型錄與郵購等通路開發和合作執行，充分利用廣告公司的知名客戶專案來替自己的履歷加分。

繼廣告公司的經歷後，他再次進入熟悉的電腦業，花了五年的時間深耕知名度。現在任職於臺灣第一家上市上櫃的文創業──大霹靂國際整合行銷股份有限公司，擔任行銷專案主任。

從 G 哥的例子我們可以看到，他經過審慎的計畫，拿捏在職與轉職的時間，慢慢將自己推向資深職務。其實他並沒有規定自己

非轉職不可，但在固定時間點都會透過轉職來測試水溫，判斷自己在市場上的需求度。建議各位工作者，若所屬公司內部沒有升遷機會，可將轉職時間點設為「二年」，二年後即在市場上尋找新機會，同時藉此提醒自己必須增強競爭力。

## 增加自我曝光度 ①
—— 最大專業人脈網領英

透過前述分析和案例，改變自己對於轉職的觀念後，積極的工作者更要尋求對的管道來增加自我曝光度。

領英聚集了來自世界各地的用戶，全球大小企業的獵頭或公司人資每天會花 60% 的時間在上面尋找人才，在國際上的使用度非常高，不僅是全球最大的**專業人脈網**，也像是商務版的臉書。

領英用戶會透過平台呈現自己的專業技術與職涯背景，並分享業界即時訊息，互相連結商業往來的客戶與同事。海外用戶特別重視領英，利用它做商業聯誼、陌生開發、建立自己的商務人脈。領英的收入來源是向企業端收取使用費，而一般用戶可以免費註冊帳號，等於在平台上刊登個人履歷。大型國際企業也會在領英上連結全球職缺，方便各國求職者直接投遞履歷。

### ▶ 獵頭和人資角度

假設獵頭或人資搜尋在日本會講中文的 IT 人才，輸入關鍵字是「IT, Chinese」，出現畫面如圖 12；如果尋找在英國懂日文的財務人才，輸入關鍵字是「finance, Japanese」，出現畫面如圖 13。按下「建立關係」（connect）並私訊，即可詢問候選人有無意願參考新的工作機會。

圖 12　獵頭視角──搜尋在日本會講中文的 IT 人才

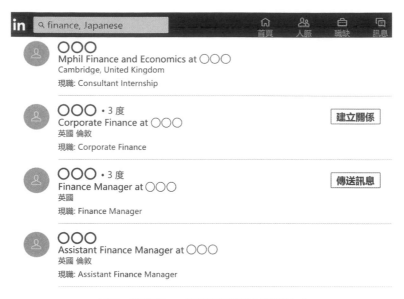

Q finance, Japanese　　　　　　　　　　首頁　人脈　職缺　訊息

○○○
Mphil Finance and Economics at ○○○
Cambridge, United Kingdom
現職: Consultant Internship

○○○ · 3 度　　　　　　　　　　　　　　建立關係
Corporate Finance at ○○○
英國 倫敦
現職: Corporate Finance

○○○ · 3 度　　　　　　　　　　　　　　傳送訊息
Finance Manager at ○○○
英國
現職: Finance Manager

○○○
Assistant Finance Manager at ○○○
英國 倫敦
現職: Assistant Finance Manager

**圖 13　獵頭視角──尋找在英國懂日文的財務人才**

　　很可惜的是,在臺灣較少人使用領英,或許是臺灣工作者沒有考慮往海外發展,但領英仍是非常重要的求職渠道,例如:臺灣的外資公司會利用領英尋找擁有國際思維的臺灣人才;本土企業若想壯大自己,也會與海外做生意,透過領英搜尋了解海外文化的人才作為貿易進出口的窗口。所有工作者都應隨時更新自己的領英資料,去爭取最大的機會。

**求職者的使用訣竅**

- 登入後，按照指令填寫「所有必填項目」，包含過去經歷與年月分。可以選擇隱藏公司名稱，維護隱私權益。
- 編排個人檔案，建立自我品牌形象。
- 加入社團與業界人士互動，吸取最新資訊。
- 個人檔案中的關鍵字必須填寫得非常詳細（如圖 14），若不夠詳細，使用免費版的獵頭或人資會因關鍵字不符合而無法看到你的檔案。
- 對業界人士送出「建立關係」的邀請，若對方也願意接受邀請，便與其互動，有助於增廣見聞、打開國際視野。
- 研讀前輩的升遷或轉職模式。

圖 14　我的領英個人檔案

當你設計好自己的檔案後，便有一個專屬的領英連結（如圖14），也有機會收到合作邀約，例如領英的企業邀約、免費使用付費版領英等（請注意網路詐騙猖獗，應謹慎判斷後再回應）。

## 增加自我曝光度 ②
── 職場情報交流平台

### ▶ 國內外技術職缺──Meet.jobs

### 〈https://meet.jobs〉

Meet.jobs 是一個新創平台，透過推薦機制，將人才推廣到臺灣與海外。此平台的好處是用公開、透明的全球職缺資訊，以及社群的交流與分享，讓大眾可以接觸更多海外職缺情報。此外也有海外工作的專欄報導，讓求職者獲得更多資訊。

有別於領英，Meet.jobs 的海外職缺是經由臺灣專員認證過的公司，以減低詐騙風險，更提供透明化的薪資數據，以降低求職者的疑慮。

▶ 新創職缺──Yourator

〈https://www.yourator.co〉

　　Yourator 是技術型新創人才的招募平台，透過「產業標籤」與「技術標籤」，讓求職者快速尋找符合自己的目標職缺，例如工程師、行銷、設計師、PM、BD 等。Yourator 也有新創相關的職場專欄，讓求職者隨時掌握業界最新動態。

　　Meet.jobs 與 Yourator 都會定期舉辦就職講座和企業快速面試活動，建議大家踴躍參加，與就業市場積極互動。

▶ 日本職涯──Worklife in Japan

〈https://www.worklifeinjapan.net〉

　　Worklife in Japan（WIJ）是日本職涯的交流平台。該平台創辦初期，相關情報只有謾罵的負面故事，經過好幾個年頭，來自各方職人的貢獻與分享，讓這個平台多了許多正面與多元的情報。

　　創辦人 Victor 與 Mark 提醒想赴日工作的臺灣人，出發前至少要看完網站上三百篇文章（特別是「來日工作必讀」專欄），從多

元的日本工作故事、過來人經驗、海外交際圈、求職管道中確立方向。看完所有故事後，可以直接詢問相關工作的前輩，只要展現該有的禮貌，WIJ 上的工作者都會熱心解答問題。

## 增加自我曝光度 ③
—— 特定社群

▶ **BetweenGos**

〈https://betweengos.com〉

BetweenGos 是職場才女們的交流平台，分享許多女性職場故事、職場相關書單、生活與穿搭等，也會定期舉辦小聚會。也有許多職場才女的專訪，例如奧美策略總監的行銷訪談、從服務生到脫口秀演員的故事等等。

▶ **人資小週末**

〈https://www.hrfriday.com.tw〉

人資小週末的核心目標為培育人資人才，每週提供課程與聚

會，例如面談小聚、勞動法令小聚、HRBP 研習團等。

　　創辦人盧世安老師舉辦活動的十年來，從參與活動的人資工作者中看到臺灣就職市場最大的改革：以前的人資只需要具備本身的專業，然而市場變化將人資一職推向更多元化的角色，現在的人資必須具有**社群媒體行銷**技能才能協助企業吸引優秀人才，而沒有跟上這股趨勢的人資被市場淘汰的風險會變高。

　　另一方面，隨著人資的蛻變，求職者的**社群媒體行銷**技能也受到關注，這就是為什麼部落格、粉專、動態名片在近年來成為求職優勢，企業為了搶人才，不再被動等待求職者上門，反而主動尋找菁英。盧老師會問學生：

**「你們找工作時，除了將書面履歷投到 104 外，還有其他主動求職的方式嗎？」**

　　舉例來說：書面履歷只是文字敘述，很難抓到求職者的形象；動態履歷反而可以凸顯工作、學習、人脈網等軌跡，增加自我曝光度。

　　比較可惜的是，人資小週末舉辦的活動雖然沒有限定參與族群，客群卻幾乎都是人資，少有非人資工作者。其實，人資的專業知識是一般工作者最少涉獵，卻又是高績效工作者職涯中的最後一塊拼圖。如果能夠理解人資的觀點，在職涯規畫上會有事半功倍的

效果。換句話說，你很努力在做的事情，如果與人資的方向不一致，可能就是白忙一場。

盧老師舉了一個有趣的案例。

有一位求職者想進到外資公司，因為他認為有赴海外工作的機會。但實際上外資的內部人事資料庫裡有一份外派名簿，納入該名簿者才有機會到海外工作。如果這位求職者與專業人資交流，便可知道進入外資不等同於被外派，還可以打聽到如何納入外派名簿中，實現跨國工作的願望。

▶ **JOBUS 職場小旅行**

〈https://www.jobus.asia〉

大多數人的第一份工作往往處於探索階段，許多剛踏入職場或猶豫未來發展的新鮮人經常問到如何選擇工作、如何為職涯鋪路。

針對這個問題，我會建議多參加**專業人脈網**相關活動，特別是藉由可以互動的社交活動，與業界前輩直接交流。JOBUS 職場小旅行這個公益平台會針對大四生、社會新鮮人、轉職青年，邀請各行業的專家主講，舉辦職涯分享講座。講師陣容來自外資銀行人資長、人才發展中心總經理、科技公司總經理、公關公司總經理等等。有相關困擾的新鮮人可以追蹤這個平台，找到對的窗口才能解

決職涯迷思與困惑。

---

第 6 章速速抓重點

♦ 隨時更新履歷，定期與獵頭聯繫，做好轉職準備。

♦ 每 2 年就將履歷放到市場上測試自我身價。

♦ 透過國際平台與特定社群，增加自我曝光度。

---

斜槓，是加分還是扣分？

2030 轉職地圖：成為未來 10 年不被淘汰的國際人才

# Chapter VII

　　在某個新鮮人求職的講座上，有位可愛的妹妹問我，她正在經營部落格，分享自己的設計作品，可是沒什麼人觀看，粉絲人數遠不及線上網紅們，也不及設計師前輩們，還要浪費時間繼續經營下去嗎？

　　如果這件事會耽誤課業或主業，當然要有所取捨，但時間管理得當，我會說「要」！不少人認為，經營部落格就是要紅、要賺錢，不然幹麼浪費寶貴時間來經營？但在追求名聲與獲利之前，應該先理解透過經營部落格可以達到的目標：

- 記錄自我成長
- 累積作品
- 學習數位行銷
- 認識廠商，或進一步得到合作機會

前面幾個章節不斷提到，企業為了增強競爭力，多元化面試已漸漸取代傳統面試。雇主會透過多重管道來挑選最有潛力的候選人，甚至會搜尋人選的臉書，觀察真實的一面。臉書無疑是經營個人品牌的重要工具之一。然而有些人認為臉書是個人用途，無須迎合外人的眼光，更別說用來經營自我形象；也有人想維護個人隱私，選擇不使用任何社群網站。但無論是臉書、IG，還是部落格、YouTube，確實對職場技能帶來一定的影響力。

擁有經營部落格的經驗，會對面試帶來加分的效果，例如：

- 被問到如何為產品做有效宣傳，可以藉用經營部落格的經驗來說明。
- 被問到如何規畫自我成長，可以用部落格的累積作品與時間軸來證明。
- 向面試官說明，透過與粉絲的互動熟悉數位行銷的概念。
- 經營成功者可以運用業配文獲利的案例，強調自我價值。

回到這位妹妹的問題——粉絲人數很少。

但是利用部落格記錄自己各階段的作品，可能過了三年後，粉絲的質與量會有意想不到的收穫。無論經營有成或失敗，都是一種成長的過程，甚至可以用失敗的經驗來加速自我成長。若能與面試官分享這些學習曲線，可提高加分的機率。

## 成功與失敗的斜槓對比

有句話說：「一個人的個性決定他的一輩子。」

斜槓確實可以為人生添增色彩，帶來多元收入，但究竟是助力還是阻力，要考量到個人資質、性格、情商、家庭背景等現實因素，並非所有人都適合。以下透過成功與失敗對照組，來思考斜槓這件事。

### CASE 14　透過自媒體獲利百萬的梅塔

2019 年出版《自媒體百萬獲利法則》一書的梅塔，是一個成功的斜槓代表。

梅塔為了送給自己一份大學畢業的成年禮「環遊世界五大洲」，填志願時放棄了人人稱羨的臺大，選擇可以拿到獎學金的國立高雄大學。大學畢業後，靠著獎學金所餘與擔任英文家教所存下的新臺幣 20 萬元，用雙腳走過世界五大洲一百天，共十三個國家。

環遊世界的經歷啟發她建立多元的價值觀。她運用旅遊經驗，開啟日本的海外職涯序幕，進入日本企業擔任網路運營經理。下班後，她憑藉熱愛閱讀的動力，經營自媒體「一書一觀點」，分享書籍內容給忙碌而沒時間閱讀的族群，不斷累積各種領域的追蹤者。這樣的斜槓生活，替她開啟更寬廣的職涯，例如：受邀擔任企

業顧問、與青年職涯發展中心合作舉辦實體讀書會、訂閱服務上架、出書……成功打造屬於自己的獲利模式。

梅塔的成功，來自於清楚的規畫——每年為自己設定新目標，並且達成，而不是像無頭蒼蠅般瞎忙。

## CASE 15 多才卻失敗的斜槓人生

B 先生是我最近在社交圈聽到的有趣案例。

B 先生有許多想做的事情，加上網路上經常看到光鮮亮麗的斜槓案例，促使他下班後開始接設計案賺錢。另外，他也學打版做衣服、買器材練攝影，培養多樣興趣。他自認學習能力強，樣樣都可作為謀生之路。

然而，私下接案與學習興趣花費太多心力，導致本業的績效考核不佳，他索性辭去工作，打算用「自己會」的各種技能去接案謀生。不到半年，他才發現每項技能都沒有自己想像的厲害，更遑論能與真正專精的箇中好手一較高下。收入不穩，家中也無法支援他為了學習所衍生的各項成本，B 先生只能黯然回到職場，然而又想念接案時自由自在的生活，在離職與就業之間徘徊了五年之久，目前已三十三歲仍舉棋不定。

## 海外職涯的斜槓力量

海外工作者最擔心工作不穩定，畢竟要負擔昂貴的房租，禁不起失業的衝擊。所以，第五章〈轉職順風車〉STORY 08 的小夏便將仲介中文保母作為副業來獲得額外收入，由於做得有聲有色，甚至有仲介業邀請她合作。等到取得永久居留權後，小夏便可以合法接受對方的合作邀約，不用被單一工作綁住[28]。

許多日本企業已經開放副業，讓海外工作者可以有多一份收入。此外，日本企業為了拓展臺灣市場，會與在日的臺灣部落客合作，提供報酬與免費吃喝玩樂機會，邀請部落客寫文，協助曝光相關服務或產品。等到粉絲數量到達一定數字後，還可獲得長期合作的機會。這類經營部落格的斜槓模式，可以幫助在日本的臺灣工作者減輕生活負擔。

### CASE 16　借助部落格的力量，進入日本廣告公司的瓶顆

〈https://yunique.cc〉

還是大學生的瓶顆（陳于婷），於 2011 年創立臉書粉專「YUNIQUE」，分享手作、圖文、美食紀錄。隔年參加旅遊比賽，獲選 2012 年千葉觀光宣傳大使（千葉樂活體驗團），由於這個經

驗，瓶顆了解訪日旅遊推廣，也開始撰寫相關遊記。2013 年到橫濱留學一年，持續記錄日本生活與旅遊情報。

回臺後，瓶顆進入臺商工作，透過網路得知一個推廣訪日旅遊的工作機會，她立刻投遞履歷。2015 年，日本正籌備 2020 年的東京奧運，所有旅遊業者都積極拓展日本國內觀光。有經營旅日粉專與部落格經驗的瓶顆，因此得到在日本的第一份正式工作，進入一家訪日旅遊廣告代理商（B to C [Business to Consumer]），擔任旅遊網路媒體小編，開啟廣告媒體生涯。儘管本業繁忙，瓶顆還是持續經營粉專與部落格，記錄日本的私房景點。

瓶顆的自媒體經營經驗幫助公司提升流量，還運用在日臺灣人的**人脈網**展開幾個新企畫，為公司增加營收。後來，她從 B to C 跨到 B to B（Business to Business），進入第二間公司，負責經營訪日旅遊網路媒體。她透過在職訓練學習 SEO 技術，將公司媒體從零經營到業界第二；同時也將 SEO 運用到自己的部落格，讓網站每日流量成長到一千以上。

透過瓶顆的案例，我們可以知道，**社群媒體行銷**的技能與旅遊部落客的經驗在現在的日本市場備受重視，經營部落格可以作為海外職涯的武器。她在正職工作上看見自己的**數據性成長**，私人時間

---

[28] 英文的工作簽證限制海外求職者只能替一家公司服務，一旦離職，簽證便會失效；日本則是拿到工作簽證後，求職者在維持同一工作類別的情況下可換公司，無須重新申請簽證。因此，英國的小夏是透過第三方平台轉介的方式經營副業。

都用來經營部落格，生產更多作品。她說，透過這樣的斜槓生活可以釋放職場負能量，與粉絲互動也能讓自己成長，帶給她繼續在海外打拚的無形力量。同時，廣告界的經驗與自媒體的斜槓人生幫助自己更理解未來的職涯規畫，她今後的目標是成為自己的部落格經紀人。

## CASE 17　將副業扶正的設計公司 CEO

　　汪森在 2012 年辭去在臺灣的穩定工作，來到日本念語言學校，再進入設計系專門學校進修。由於他擁有在臺灣電視圈工作多年的經驗，畢業後順利拿到工作簽證，進入網路商城負責代管行銷，為女性服飾、女性包包、家具、汽車零件、食品等各商家設計網路廣告（例如橫幅式廣告等）。

　　第一份工作穩定後，他開始經營工作圈的**專業人脈網**，讓自己跟上時事，熟悉就業市場最新動向。透過與專業人士的交流，探聽職場上的黑心故事、惡質廠商，以避開地雷。他的第二份工作是在大型網路企業擔任設計藝術總監（Art Director, AD），更了解日本網路設計業的速度與成效，增進在臺灣工作時未曾接觸到的領域相關能力。

　　因本業提升自我能力的汪森，開始計畫斜槓生涯，接洽 IT 設計與行銷外包的案件。他發現要在海外生活與工作，必須建立自己

的**人脈網**，才能壯大斜槓人生。他的經營方式是，揪團看煙火、主辦烤肉會和生日趴來認識各領域臺灣人。擴大社交圈後，汪森認識許多傳產老闆們正面臨數位轉型而困擾不已，他們希望在日的臺灣前輩能將親身體驗分享給在臺灣的年輕人。2016 年，汪森受邀進入臺商會，擔任部長職務，積極經營僑界商業人士的交流活動。由於汪森的專業背景，得到許多大型公司廣告行銷外包的委託，展開忙碌的斜槓人生。

有關時間管理，汪森將工作分配為上班四個 task、下班八個 task，並在期限內完成。傳統華僑的**人脈網**力量讓他的副業成效斐然，收入漸漸高過正職，於是他選擇辭職，專注發展自己的事業。目前，他成立自己的設計公司，並與朋友合資其他事業。

其實，在日本發展自己的事業並不在汪森設定的職涯目標，但由於一路以來的斜槓經歷與人脈經營，替自己開闢一條新路。

## CASE 18 以斜槓模式經營的部落格，變成國際平台的 Worklife in Japan

前面章節提到的共享平台 WIJ，目前會員數高達數萬人，創立初期由 Victor 和 Mark 二位共同創辦人以斜槓的方式經營。現在的經營團隊是一群在日本工作與生活的朋友們，他們來自不同背景、職涯、人生階段，也以斜槓的方式持續經營。

Victor 剛到日本打工度假的時候，無法及時掌握許多資訊，吃了不少悶虧，於是他決定記錄自己的親身體驗，分享給更多準備前往日本打工度假的朋友。在某次的臺灣朋友聚會中，Victor 遇見 Mark，二人都有共識，想將自己記錄的筆記分享給需要的朋友們，於是共同經營 WIJ 部落格，開啟斜槓人生。隨著日本政府大力推動臺灣人赴日打工度假，資訊需求量愈來愈大，Victor 和 Mark 便將部落格升級為網站。

WIJ 這個平台是二人以非營利組織創業的代表作，從斜槓模式的部落格分享文，搖身成為赴日必讀的情報站。


我在日本和英國工作的期間也嘗試許多斜槓體驗：經營部落格「Sandy's Blog ｜獵頭國際新筆記」與臉書粉專「Sandy's Recruitment note」，以獵頭的角度分享海外工作者的故事和資訊；報名東京製菓專門學校的週末班課程，**持續學習**三年，考取相關證照；參加咖啡師證照考試；在英國也拿到指甲師的光療證書。

我的斜槓出發點並非取代正職，而是利用它引導我與不同領域人士接觸，豐富我的海外生活。

以上分享幾個國內外工作者成功的斜槓案例。換個角度思考，如果你打算到海外發展，可以在出發之前即備妥相關斜槓技能，讓自己到了異鄉擁有多重的生存能力。

　　無論你經營副業的出發點是為了增加收入、降低被所屬組織淘汰的風險，或是單純享受「無邊界人生」，都必須充分理解斜槓的機會、風險以及自身條件，才能找到白處之道。另外，大多數人都必須負擔個人日常開銷甚至家庭開銷，千萬別低估原有職務的價值，這筆穩定收入正是斜槓的基礎。

---

**第 7 章速速抓重點**

◆ 確立目標，經營斜槓生活，能加值職涯。

◆ 擁有自媒體經營的斜槓經歷，能為海外職涯加分。

◆ 結合人脈網，有機會將斜槓取代本業。

---

附錄

# Appendix

**附錄**

—— FAQ

## Q 1：如何談薪水？

　　首先評估自身的市場價值，在面試中以**狼性**展現自己具有長遠的規畫。具體步驟如下：

1. 蒐集競爭對手公司的薪資待遇。
2. 準備好目前的薪資待遇，提出理想的薪資待遇。
3. 理性解釋原因（例如房貸、家庭、身價）來說服資方。

▶ **範例**

**開場白**

　　「我目前的年薪是 100 萬，我對這份工作很有熱忱，非常想加

入這個團隊。有關薪資，每間公司制度不一樣，我也調查了目前市場上這個職位的薪資範圍大約落在○○○～○○○萬之間，加上我有家庭規畫與負擔，希望待遇落在 10%～15% 的漲幅[29]。」

### 價值分析（業務）

「我可以做○○○的商業開發，讓第 1 季的 KPI 達到○○○。」

### 價值分析（行銷）

「我可以協助企業建立新形象，增加市場曝光率，提升業績。」

此外，我想提醒各位一點：永續經營**人脈網**與**持續學習**才能為職涯加值。

當企業缺乏人才，當然會盡力符合你的要求。然而假設這次沒緣分，仍要試圖讓資方對你留下深刻的好印象。第五章〈轉職順風車〉STORY 01 的小夕就是秉持著永續經營**人脈網**的信念，一步一步為職涯鋪路。世界很小，圈子很小，在業界繞了一圈後，往往會再次遇上曾經接觸過的相關人士，只要把持自己的價值，經過一、二年後的磨練，當初的目標企業一定會主動邀請你加入團隊。

再補充一點，許多高階主管在談外派職缺的薪水時，是把整個

---

[29] 一般會說「10%～15%」，避免給人獅子大開口的壞印象。

「家庭」也置入談判條件中，例如：搬家費用、小孩的國際教育費用等等。

你在職場上是不是偏保守、溫和，不敢自我表現呢？如果你能理性分析自己的價值，就應該展現出來。敢要，不等於亂要！

## Q2：面試一直失敗該怎麼辦？

**「我想換工作很久了，前前後後找了 1 年左右，一開始連面試機會都沒有，後來雖然陸續拿到一些機會，但最後還是沒有取得 Offer⋯⋯覺得很失落也很不甘心，畢竟已經努力那麼久了。」**

每面試一家公司，就當作是練一次功，而不是停留在「被考試」的心態。面試時常常會遇到「大魔王」等級的考官，面對他們出的考題，答不出來也是理所當然，但是也不能永遠準備一套大眾通用的答案。

請大家記得以下幾個重點。

首先，當你回答不出「大魔王」面試官的提問時，可以反過來虛心請教：

**「請問以您資深專業的角度，是怎麼看待這件事情呢？」**

接著把面試官的答案「背下來」，運用到下一間公司的面試。當你面試到第十家公司，等於擁有「前九家的強人意見整合＋自己的進化＝超級無敵智慧庫」。

那麼，如何準備有深度且有助於面試加分的問題呢？

1. 請把面試當作是一場聯誼會。假設在會場中遇到心動的對象，應該會充滿好奇心，內心有一大堆疑問想問他吧？
2. 公司也會從求職者的提問來判斷人選是否有高度熱忱。
3. 增加提問深度的方法，可以從近期新聞尋找靈感，做出彙整，讓面試官留下深刻的印象。

▶ 範例

Q1 最近新聞提到 ×××案子，請問這對這個職缺的主要影響是什麼呢？

Q2 最近新聞提到您們競爭對手公司來勢洶洶搶占亞洲市場，面對這樣的挑戰，在可以分享的範圍內，請問公司會希望員工做哪些防禦措施呢？

或許，你注定要在這一場面試裡失敗，那麼，你從面試裡帶走

了哪些寶物？吸取他人的見解，當作自己的武器，重新運用在下一
次的戰場上。

## Q3：寫履歷有什麼地雷嗎？

　　應徵者無法確定履歷會優先交到「誰」的手上？假設你應徵的
是 AI 相關工作，第一位收到履歷的可能是該領域專員，可能是剛
入行的助理，也可能是非專科出身的人士。如何確保你的履歷內容
與資方的需求吻合，將是「三十秒篩選」的關鍵。

　　假設做第一輪履歷篩選的是非專科出身人士，他們會怎麼做
呢？一一比對職缺說明來做初步媒合的機率會很高。有些履歷雖然
行文流水，但往往沒寫到「重點」，若不仔細閱讀，很容易被忽略
而淘汰。

　　以下是寫履歷的二大要點：

**1. 細讀「職缺說明」。**
**2. 抓出其中的「關鍵字」，置入履歷，會增加勝出機率。**

▶ 範例

| | |
|---|---|
| **職缺名稱** | 某大型公司商業雜誌副總編 |
| **職缺說明** | ① 帶領編輯團隊產出讀者喜愛的紙本與數位內容。 |
| | ② 具團隊管理經驗。 |
| | ③ 樂於接觸新事物。 |

**對照職缺說明的履歷寫法**

① 我曾負責經營數位內容，以紙本為主要題材，但透過 A、B、C 等方式增添創意，將粉絲團的真人粉絲數在 1 個月內，從 1,000 人成長至 2,000 人。

② 曾帶領過 3 到 5 名成員的團隊。

③ 對新事物充滿好奇心，目前正在經營自媒體，預計學習程式語言、網頁設計。

| | |
|---|---|
| **如果你應徵的是公關** | 假日我會去看藝術展，關注最新事物。 |
| **如果你應徵的是業務** | 我會定期參加專業人士論壇，增加自我曝光度與開發新客戶。 |

　　請記住：沒有一份「萬用」的履歷。扣緊職缺說明中的關鍵字，同時揣摩企業文化，為每項職缺設計「專屬」履歷。

## Q4：我還是大學生，該如何規畫職涯？

可以嘗試各種打工或實習，尋找自己感興趣的產業或工作，摸索未來想從事的領域。也可以參加與**專業人脈網**有關的社交活動，例如第六章〈求職與轉職渠道〉的 JOBUS 職場小旅行即是很好的管道。透過近距離請教業界前輩，大膽提出自己的想法，評估是否該及早轉換方向，或者更加確定前進的目標。

現在的就職市場是與「年齡」賽跑，正如第四章〈自我方向規畫與能力提升〉所述，在歐洲等國家，職涯規畫這件事從國高中就開始了，跨國企業的管理層也有愈來愈年輕化的趨勢。在臺灣的環境，我們往往會有比較多的「家庭包袱」，所以，愈早去接觸、理解，甚至試錯，就能愈早熟悉市場與業界，在求學階段即掌握自己的「職涯自主權」。

## Q5：我念的科系，未來似乎沒什麼出路……

第五章〈轉職順風車〉STORY 12 的肯特就說：「大學念什麼≠工作做什麼。」在大學念書，其實是「享受學習」的過程，大多數的科系與未來的專業發展並不見得有絕對的關聯。舉例來說：商學院出身的學生，畢業後不一定都成為完全的商人；文史哲出身的學生，或許在求學過程中找到對人性感興趣，再透過實習運用到商

場上，將來可能從事行銷相關工作。重點是，在學習過程中找到擅長的領域、**創新**的想法，而非得過且過。

　　站在企業的角度，大學畢業生是一張白紙，除了急需專業技術的工作之外，企業看重的其實是求職者的**問題解決能力**、**合作力**、**分析思維**、**推理能力**等軟性技能，以判斷人選是否有「可塑性」。這樣的可塑性，就在於求學期間與同學的互動。如果你念的是自己感興趣的科系，便會**主動學習**，培養**自發性**，如此才能得到啟發，也能在面試中舉出有深度的案例。透過興趣，將「大學所學」與「將來工作」做連結。

## Q6：有「面試攻略寶典」嗎？

　　常常有粉絲私訊問道：

**「有沒有一個快速的致勝答案，可以立刻打動面試官的心？」**

　　關於面試，真的沒有一個保證錄取的標準答案，但用心準備一定會有加分效果。我想分享一個真實案例——臺北科技大學學生方程式賽車隊 TTR 5 隊長鄭博元的故事。

　　請大家當面試官來考核這位人選博元。以下是他的背景：

- 興趣：賽車
- 高中：臺中高工汽車科
- 大學：北科大車輛工程系
- 社團：該系的方程式賽車隊

面試人選學習曲線

① 動力組組員：引擎調校、傳動、冷卻設計
② 電系組組員：電系設計與數據採集
③ 電車動力組組員：準備海外參賽
④ 電車動力組組長：與同學互助合作，完成初步設計
⑤ 副隊長：協助隊長籌募資金與掌控進度
⑥ 隊長（現任）

我們來看看博元如何運用參加車隊的經驗回答面試官的問題：

Q1 請舉出你在就學期間，如何透過與人的合作，共同做出
成績的經驗？

A1 我和北科大的 45 位同學，為了參加世界最大的工程競
賽—— Formula SAE Japan，花了整整 2 年，一共投入
超過 17,000 小時，克服了設計與資金問題。特別是資

金，由於比賽場地在日本，賽車的海運費就高達 40 萬元，還有加工、設備等費用，對學生的我們來說簡直是天文數字。

當時我升為副隊長，協助隊長製作贊助簡報與各項事宜。我與隊長以及團隊成員先是向 30 幾家企業爭取到超過 500 萬元的資金，最後靠著募資信件，補齊最後 50 萬元的資金缺口，完成這次賽季。

Point 使命必達的決心與行動力，加上對內對外的雙向合作力與溝通力。

Q2 請舉出在過程中遇到的挑戰與困難，以及如何克服？

A2 除了前述的募資問題之外，另一個挑戰是，所有賽車設計都要依照大會頒布的規定，因此了解規則就是我的首要任務，不擅長英文的我奮力地邊查字典，邊解讀完滿滿專業術語的英文文章，同時也跟著電子系學長學習電子電路。

Point 一邊精進專業技術，一邊挑戰外語能力。

Q3 請舉出在過程中得到的收穫？

A3 準備期間遇到種種困難，例如：電池組設計的電池大小與預期差了 5mm，冷卻電池組必須更改銅板；電系組必須配合大會要求修改部分電路；調整電池管理系統（Battery Management Systems, BMS）時，花費大量時間等待廠商回應或自行尋找解決辦法……解決完後，終於打造出隊史上第一輛電動方程式賽車，海運出國，參加比賽！

到了日本，首先進行「靜態競賽」的設計報告，我必須全程用英文向專業工程師背景的裁判們一一介紹所有設計理念、方法，以及如何驗證設計，再利用各種數據來說服，最後得到第 28 名，進入前 1/ 4 強！緊接著是「動態競賽」，雖然在最後耐久賽由於電系故障無法完成整場賽事，以失敗結束，但看著團隊共同努力 2 年的賽車在場上奔馳，心裡的感動無法言喻。

Point 提升問題解決能力與領導力，贏得前進世界的門票與經驗。

從面試官的角度，你看到什麼呢？博元的回答展現出在學時如何進入賽車界、培養專業技術與軟性技能、從小組組員一路當

到車隊隊長、募資超過 500 萬元，並且前進世界競賽 Formula SAE Japan……這樣的新鮮人人才，你會納入你所帶領的團隊嗎？

嘗試「換位思考」，你就知道如何在求學階段累積實務經驗，展現學習曲線，面試時用實際案例打動面試官。

## Q7：被問到「上一份工作的離職原因」該如何回答？

我們往往會帶著主觀或負面感受而離開一家公司，但面對新公司時，要先拋開這些「負面情緒」。接著爬梳上一份工作經驗，整理自己學到的技能，分析還未挑戰的領域，在面試中理性作答。

▶ 範例

「我經常 follow 業界動態，留意新聞報導，也與專業人士交流，得知貴公司在 A 領域非常強，一直有新突破。如果有機會，我希望加入貴公司，運用我在前東家累積的 B 經驗與 C 技能，為新團隊做出貢獻，突破市場，達到雙贏的效果。」

許多求職者經常回答：

「我想學習！」

「我想挑戰！」

「我很有興趣！」

然而如果你的作答僅止於這幾句話，通常無法讓面試官留下深刻的印象。其實，面試官也想知道外界人士對企業的看法或建議，重點在於應徵者如何針對「想學習」「想挑戰」「感興趣」進而分析與解釋，增加回答深度，展現個人色彩。

## 面試小提醒

- 切勿遲到。
- 切勿臨時取消面試，甚至爽約。
- 一踏入公司，留意自己的各種小舉動（例如等待面試官時是否一直瞄手機），公司會以此判斷求職者的嚴謹度。

## Q 8：如何面對職場霸凌？

還記得第二章〈海外職場新趨勢〉CASE 02 的凱莉與第五章〈轉職順風車〉STORY 04 的莉奈嗎？我想再給大家幾個提示。

有可能你還有努力的空間，但也有可能主管的能力沒有比你好。長期待在一個被當空氣、被壓抑、被貶低的職場環境下，會逐漸失去工作動力，覺得自己愈來愈無能，甚至開始懷疑人生。但

是，請不要因此放棄自己。外界對於個人心靈層面的影響是非常大的，你要如何判斷這些影響？該不該採納這些意見？

首先，這些評價是來自於同溫層，還是外界的專業人士？你必須從不同角度蒐集所有資訊，包括公司內外部的**專業人脈網**、各圈子的**社交人脈網**等等，為自己做客觀的分析。例如 STORY 04 的莉奈在飲料公司的狀況，那群活在幾十年同溫層，不斷數落她的前輩，其實是憑著舊式的企業文化保有現任職務。

此外，請反思你是「雞湯人」？還是「真戰將」？

許多人在習慣性的讚美下，容易自我滿足，成為「自我幻想的雞湯人」。但一旦踏出舒適圈，才發現自己的能力嚴重不足，外面世界的人比自己更努力磨練出一身無可取代的職場技能。

然而，有些被稱為「社畜」的工作者其實是「有戰力的真人才」，例如 STORY 04 的莉奈在傳統日企體制下每天被罵得一無是處，後來轉到外資公司上班，反而能有所發展。

不要因為一家公司的否定聲音，就讓你停滯不前，放棄人生，也不要為了爭一口氣而忽略自己的身心狀況。只有強化自己，才能繼續前進。

# Conclusion

## Conclusion　結語

### ── 找機會！走出去！

　　來到本書的最後，我想把視野拉到臺灣的大環境。

　　根據 2017 年「中華民國統計資料網」的數據分析，臺灣人赴海外工作的人數從 2009 年的六十六萬二千人，到了 2017 年增至七十三萬六千人，其中三十歲到四十九歲者占最多數，而這個年齡層的工作者正是企業心目中最具競爭力的人才。隨著臺灣政府年年推動出國補助計畫，再加上海外簽證與永久居留權資格放寬，今後赴海外工作的臺灣人只增不減。

　　也就是說，留在臺灣發展的三十歲到四十歲世代工作者，在未來會面臨二大危機。

　　一方面是，現在的小孩從小就培養**社群媒體行銷**、**創造力**、**人脈網**等多元技能，將來的新進員工擁有更靈活的思維與強大的競爭力。另一方面是，六十歲到七十歲世代的企業主退位後，這批擁有國際戰力與管理經驗的人才回臺接替，成為新世代的管理者，也就

是未來的高階主管。今後可能面臨這種上下包夾的情況，正考驗著現在的你是否擁有危機意識，讓自己的視野與能力與日俱進，好跟上這群人才，在組織裡才有發展的可能，而不會落入被淘汰的命運。

本書花了大量篇幅詳述無數的國內外職場故事。

或許有些讀者看完後認為，這些案例僅限於某些特定人士，覺得：「他們是他們，我是我。」職涯規畫確實沒有固定模板可以讓所有人都買單，他人的經歷或許只能作為參考，然而你有沒有注意到，這些主角們從來不是透過攀關係或者空降而卡到好位，全都是靠著自己一步一步摸索、學習、往上爬。

當人人都在問「如何找到好工作？」「如何領到高薪？」時，你是否願意跨出自己的第一步？

如果你不知道該如何下手，就從「模仿」與「追蹤」開始做起，例如：透過領英、特定社群來認識獵頭或相關人士；參加各種活動來得到啟發……從一步一步的改變過程中激發想法，再分析並且實作。

如果公司沒有培訓你，那麼就自己磨練自己。還記得 STORY 07 的艾琳嗎？她卡進一個完全陌生的領域──精益生產部管理顧問，在客戶面前必須強裝自己是專業，為了不露出馬腳，她每天惡補劇本，鍛鍊出隔天就能上場的功力。

你不見得要出國，但是一定要大膽走出去，離開舒適圈！

最後，我想請大家思考一件事：

**「如果隔天起床，發現工作沒了，該怎麼辦？」**

你怎麼知道，目前待的這家公司會不會突然倒閉？你怎麼知道，即使能力再強的人都可能保不住飯碗？

假設某天，你所屬的家族企業，其二代不願接班，老闆是不是會選擇把公司賣掉？或者交給專業經理人來管理，並進行大改革，那麼能力最弱的員工是不是會列入首批淘汰名單？

假設某天，你所屬部門的主管被請走，新進的空降主管要進行改組，為了鞏固地位，除了從外部帶進自己的人馬之外，他是不是會留下較為順從的員工，先拿最有實力的戰將開刀？

人事異動、組織改革有時突如其來，即使表現再好的人才，也可能成為代罪羔羊。工作就是這樣來來回回、走走停停。重點在於，你是否做好「此處不留人，自有留人處」的準備，擁有餘裕與人脈，保持都可轉職的能力？我也時常提醒自己，身為獵頭，**人脈網**就是我用來吃飯的工具。那麼你做好的準備是什麼？你是走一步算一步？還是你從未想過會有這樣的狀況？

期待你與我分享從本書獲得的啟發與自己的職涯故事。

Sandy's Recruitment note

〈https://sandy-hunter.com〉

〈https://www.facebook.com/globalcareerexpert〉

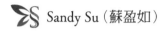

後記

# Epilogue

**後記**
　　—— 很忙的獵頭人生

　　對我來說，「出外靠朋友」這句話真實到不行。尤其人在異鄉，難免會遇到種族歧視、文化適應不良、霸凌等各種問題。然而慶幸的是，每個階段我總是可以遇到值得互相學習的夥伴或對手，無論正面或負面的人事物，都能讓自己保持警覺，不敢懈怠，繼續往前。

　　從事獵頭這份與「人」有關的工作以來，我一路看著大家的成長、歷經的挫敗，同時也從每位人選身上得到感動與鼓勵。在我經手的各種招募工作中，從最基層的應屆畢業生到年薪達新臺幣 1 億元的大人物，都帶給我不同的啟發。特別是我十分佩服經歷過霸凌、性騷擾、年齡歧視等職場鬼故事的朋友能夠重新振作，過關斬將，而且愈戰愈勇。

　　三年前，由於部落格的盛行，我也踏出**社群媒體行銷**的第一

步，開始經營國際工作相關的部落格官網與臉書粉專——Sandy's Recruitment note。

由於關注梅塔的說書節目，在因緣際會的聚會中認識各業界的 VVIP，得到各方貴人的鼓勵，還有了第一次出書的機會。從中，我也得知許多人對大環境的變遷感到不安、對國際職場抱持好奇心、對一成不變的生活感到無奈。

所以，我想藉由這本書，將自己的案例與其他人的故事告訴每位讀者，希望大家可以從中找到新想法，或者開始踏出「第一步」。

常常有人問我：

**「Sandy～要怎麼才能像妳這樣狂跑趴、參加各種活動，而且還能量滿滿？」**

老實說我對酒精過敏，比起跑趴，我更想在下班時間或週末時段待在家裡，哪裡都不去。認識我的朋友都知道私底下的我懶得打扮，喜歡輕便的穿著，換句話說，就是在路上遇到也認不得的那種模樣。

但由於我的工作必須扮演專業的角色，必須用對的語言與不同層級的人溝通。我常笑說，每天都像在拍戲，要盡力將自己的角色演好演滿。也因此，我必須隨時換位思考，清楚每個人的工作內

容、每位角色在意的事情。

為了跟上**趨勢**，我選擇的方法就是不斷拓展**人脈網**，定期與二十歲世代、三十歲世代、四十歲世代……甚至是七十歲世代等各年齡層的人互動，理解在他們的世界裡該聊些什麼、國內外職場裡大家所想的是什麼，進而提升「接話的藝術」，面對不同年齡層的人，我都能自然而然延展話題。

還有許多人經常問我：

**「為什麼事情的走向都跟妳預測的很像？妳是怎麼判斷的？」**

我的建議是：當你多與在線人士交流，故事聽多了，你的預測也會與真實情況不相上下。

這本書的主題是職涯規畫，我們在職場上會遇到許多傳統而僵化的阻礙，這是無法立即改變的，因為長期流傳下來的企業文化難以在一夕之間大做改革。但我們可以從「自己」開始改變，每天都多一點新想法，這些都可能讓你的未來帶來突破性的發展。

最後附上我一年內參加的大小活動紀錄，也期待你在一年後有新的改變。每參加一場活動，一定會為你的思維灌注新靈感，漸漸的，你的面試作答內容也會變得生動而豐富。

回頭看看自己——身為獵頭，我不知道深藏不露的高手躲在哪裡，我只能不停且主動增加自我曝光度，找到我所需要的人選，或者讓這些人選找上我。我選擇不停進步，才能持續將大家需要的訊息傳遞到各位手上。

對我而言，學習的過程比結果重要，透過過程可以尋找未來的自己。

| 月分 | 活動內容 | 得到的啟發或幫助 |
| --- | --- | --- |
| JAN | 定期烘焙課 | 看到一位老爺爺希望孫女吃得健康而去上烘焙課，「活到老學到老」的精神值得效仿，因此我也報名了烘焙課。<br>**我學到了……**<br>• 廚師界與甜點界的工作生態。<br>• 專注力和細膩度。 |
| FEB | 2019 煙火活動 | 商業聚會之外，我也會定期與重要好友相聚。<br>**我學到了……**<br>• 真正的友情不會因忙碌而淡去。<br>• 「玩」的態度。 |
| MAR | 新時代戰略研究所早餐會 | 出席聚集不同專業領域前輩們的早餐會，研究日本面臨的新挑戰與課題。<br>**我學到了……**<br>• 將未來商場新動向運用在工作或與其他人的交流。 |
| APR | 無營利組織的學生分享講座 | 分享職場新鮮人該注意的事。<br>**我學到了……**<br>• 透過幫助他人也幫助自己理解２０歲世代的想法。 |

| MAY | 季節活動──公關網美野餐會 | 出席公園野餐。 |
|---|---|---|
| | | 我學到了…… |
| | | ● 公關界的生態。 |
| JUN | NHK 訪問 | 接受 NHK 訪問有關外國人在日本的工作感想。 |
| | | 我學到了…… |
| | | ● NHK 內部工作環境參觀、工作分配。 |
| JUL | 共煮活動 | 透過料理分享自己國家的文化與切磋交流工作。 |
| | | 我學到了…… |
| | | ● 紓壓,釋放負能量。 |
| | | ● 不同產業的冷知識。 |
| AUG | 中華華人講師聯盟 | 出席餐會。 |
| | | 我學到了…… |
| | | ● 各界資訊、問題、未來趨勢。 |
| SEP | 旗袍主題 party | 全力以赴遵守 dress code。 |
| | | 我學到了…… |
| | | ● 新朋友的工作模式。 |
| | | ● 尊重主辦者的籌畫。 |
| OCT | 日本觀光局贊助──國際紅白歌合戰 | 比賽規定外國人必須唱日文歌,日本人必須唱外文歌。透過與日本人組團參賽,協助剛到日本的外國人可以更快認識日本朋友。擔任舞蹈組小組長,帶領剛來打工度假的臺灣人與日本人共同完成比賽。 |
| | | 我學到了…… |
| | | ● 沒有職場包袱下與日本人合作,創造火花。 |
| NOV | Change Christmas × Strangers ──無營利義工聖誕老人的陌生人交換禮物 | 義工活動。 |
| | | 我學到了…… |
| | | ● 幫助人的快樂。 |

| DEC | 社交舞活動 | 學習世界共通的國際社交舞。<br><br>我學到了……<br>● 拓展新的國際交友圈,週末定期與社團成員練習,認識更多國際朋友。<br>● 持續運動的好習慣。<br>● 社交舞圈人士的職涯規畫。 |
| --- | --- | --- |

表 28　我 1 整年參與的活動與獲得的啟發

▼ 圖 15　JAN

▼ 圖 16　FEB

▲ 圖 18　APR

▲ 圖 17　MAR

▼ 圖 20　JUN

▲ 圖 19　MAY

▼ 圖 21　JUL

▼ 圖 22　AUG

▼ 圖 23　SEP

▼ 圖 24　OCT

▼ 圖 26　DEC

▲ 圖 25　NOV

最後，這是我第一次寫書，對於國中時期即赴英國念書與生活的我來說，書寫大量中文文章是一大挑戰，但我不畏自己只有「國中程度」的中文能力，勇於踏出「第一步」，將多年的觀察與經驗透過文字與大家分享。

特別感謝願意分享轉職故事與案例的每位朋友，還有協助我修改中文的陶韻婷女士、周尚勤先生，以及遠流主編陳子逸女士。

 Sandy Su（蘇盈如）

# 2030 轉職地圖：
# 成為未來 10 年不被淘汰的國際人才

| | |
|---|---|
| 作者 | Sandy Su（蘇盈如） |
| 主編 | 陳子逸 |
| 設計 | 許紘維 |
| 校對 | 渣渣 |
| 特約行銷 | 劉妮瑋 |

| | |
|---|---|
| 發行人 | 王榮文 |
| 出版發行 | 遠流出版事業股份有限公司 |
| | 100 臺北市南昌路二段 81 號 6 樓 |
| | 電話／(02) 2392-6899 |
| | 傳真／(02) 2392-6658 |
| | 劃撥／0189456-1 |
| 著作權顧問 | 蕭雄淋律師 |

| | |
|---|---|
| 初版一刷 | 2020 年 1 月 1 日 |
| 初版三刷 | 2020 年 1 月 22 日 |
| 定價 | 新臺幣 360 元 |
| ISBN | 978-957-32-8676-9 |

遠流博識網 www.ylib.com  遠流博識網

**國家圖書館出版品預行編目（CIP）資料**

2030 轉職地圖：成為未來 10 年不被淘汰的國際人才
Sandy Su（蘇盈如）著.
初版 . 臺北市：遠流，2020.01
288 面；14.8 × 21 公分
ISBN 978-957-32-8676-9( 平裝 )

1. 就業 2. 生涯規畫 3. 職場成功法

542.77                                        108018454